# COOLE REZEPTE FÜR ZWISCHENDURCH

Mag. Ingeborg Hanreich, IBCLC
Dipl. oec.troph., Dipl. Päd. Britta Macho

2. überarbeitete Auflage

Hanreich
Lesen, was gut tut!

**Ein großes Dankeschön ...**

... an alle Köchinnen und Köche, die meinten, ein 2. Kochbuch wäre eine gute Idee, weil ihnen unsere „Pfiffigen Rezepte für kleine und große Leute" so viele neue Impulse gegeben haben,

... an alle erprobten und neu dazugekommenen Tester, die sich neugierig auch an manchmal ungewöhnliche Kombinationen gewagt haben,

... den vielen unterstützenden Händen und Geistern, die immer wieder zeigen, dass wir auf sie zählen können: Manfred, Thias und Max Macho, Mag. Elisabeth Illnar, Gerlinde Cathrin Antolkovich, Charly und Chiara Grabherr, Anita und Alina Wusits sowie Gundi Dunkl, Mag. Gerlinde Härting, Ursula Pirker und allen anderen, denen wir unsere Anregungen verdanken.

**Wichtiger Hinweis:**

Die Empfehlungen dieses Buches entsprechen den aktuellen ernährungs- und haushaltswissenschaftlichen Kenntnissen bei Fertigstellung des Werkes. Wissenschaft ist jedoch immer im Fluss! Dadurch entwickeln sich mitunter abweichende Meinungen. In Zweifelsfällen sprechen Sie bitte immer mit Ihrem Arzt.

Jede Leserin, jeder Leser ist für das eigene Tun und Lassen selbst verantwortlich. Weder Autorinnen noch Verlag können für eventuelle Nachteile oder Schäden, die aus Hinweisen des Buches resultieren, eine Haftung übernehmen.

**Noch ein Hinweis:**

Bitte haben Sie Verständnis dafür, dass aus Platzgründen im Text nur von Ihrem Arzt gesprochen wird und dabei gedanklich auch Ihre Ärztin einbezogen ist, während die Bezeichnungen Stillberaterinnen, Mütter- und Väterberaterinnen, Ernährungswissenschafterinnen und Diaetologinnen (Diätassistentinnen) verwendet werden, ohne die männlichen Kollegen ausschließen zu wollen.

| | |
|---|---|
| Text: | Mag. Ingeborg Hanreich, IBCLC |
| | Dipl. oec.troph., Dipl. Päd. Britta Macho |
| Grafik und Layout: | Gerlinde Cathrin Antolkovich |
| Foto: | Karl Grabherr – www.karlgrabherr.at, Andrea Jungwirth – www.einfachgesagt.com |
| Film und Druck: | FINIDR, s.r.o., Tschechien |

1. Auflage 2003, unter dem Titel „Coole Rezepte für Jausen, Pausen und Feste"
2. überarbeitete Auflage 2011 © by Verlag Ingeborg Hanreich, Wien

ISBN 978-3-901518-14-0



Verlag und Vertrieb: Mag. Ingeborg Hanreich
Esterhazygasse 7/2, A-1060 Wien | Tel.: (+43 1) 504 28 29-1 | Fax: (+43 1) 504 28 29-4
E-Mail: bestellung@hanreich-verlag.at | Internet: www.hanreich-verlag.at

Für Gerlinde, Elisabeth, Kater, Uschi,
Michaela, Csilla, Doris
und für alle guten Freunde, die uns in guten
und weniger guten Zeiten zur Seite stehen.

INHALT

# „Wenn Kinder lernen ...“

Wer ausgewogen isst und trinkt, lebt in aller Regel besser und länger. „Richtig essen“ ist nicht schwierig und muss nicht teuer sein, muss aber erlernt und gelebt werden. Dabei gilt wie bei allen Gewohnheiten: *„Was Hänschen nicht lernt, lernt Hans nur noch schwer.“*

Als Gesundheitsminister Österreichs ist mir die Ernährung als „erste Medizin“ und genussvollste Krankheitsvorsorge ein besonderes Anliegen.
Ich habe daher auch den Nationalen Aktionsplan Ernährung, kurz NAP.e, ins Leben gerufen, um die Ernährung aller Österreicherinnen und Österreicher nachhaltig zu verbessern. Durch vielfältige Maßnahmen sollen die steigenden Zahlen bei ernährungsabhängigen Erkrankungen zurückgehen und der Anteil von Übergewichtigen in der Bevölkerung zumindest nicht weiter ansteigen.
Kinder gehören dabei zu den wichtigsten Zielgruppen. Je früher unsere Kinder „richtig essen“, desto größer ist die Chance, dass aus ihnen gesunde Erwachsene werden.

Dieses Buch kann mithelfen, die Ziele des NAP.e zu erreichen. Neben interessanten Brotkreationen sind Ideen für ausgefallene Salate oder leckere Fruchtdesserts enthalten, die gut in einen ausgewogenen Speiseplan passen, durchaus den Geschmack von Kindern treffen und auch für Kinderfeste oder Gartenparties in größeren Mengen zubereitet werden können.

Alois Stöger
Bundesminister für Gesundheit

Ich bin davon überzeugt, dass Ihrem Kind und mitunter auch Ihnen selbst das eine oder andere Gericht mundet – vielleicht ist die künftige Lieblingsjause ja dabei!

In diesem Sinne wünsche ich Ihnen gutes Gelingen & guten Appetit.

Herzlichst,
Ihr
Alois Stöger

# „... und wenn es dann schnell gehen soll ...“

*„Abends sind sie kaum ins Bett zu kriegen, morgens kommen sie schwer aus den Federn! Und wenn's dann schnell gehen soll, bleibt das Frühstück oder die Vorbereitung der Pausenverpflegung auf der Strecke.“* So oder ähnlich beschreiben viele Eltern die Schwierigkeiten, die sich im Alltag einstellen und trotz bester Vorsätze die Versorgung mit gut gewählten Zwischenmahlzeiten erschweren.
Unter dem Zeitdruck vor Beginn der Schule, des Kindergartens oder des Büros kommt die Zubereitung abwechslungsreicher Pausenbrote vielfach zu kurz. Wurstsemmel (-brötchen) und Käsebrot sind in vielen Familien der tägliche Anblick. Gar nicht so selten werden nur süße Snacks, von denen man aus Erfahrung weiß, dass sie sicherlich gegessen werden, mitgegeben – oder Geld. Letzteres verlangt dem Kind nicht nur eine Kaufentscheidung ab, sondern begrenzt die Auswahl und Qualität des Schulbuffets. Unterschwellig bleibt dabei oft das Bewusstsein, nicht die optimale Versorgung geleistet zu haben.

Frühaufsteher finden genug Zeit, Brote, Gemüse, Obst und Getränke in die Schultasche zu packen. Für Morgenmuffel ist dies allerdings glatte Selbstüberforderung. Leichter fällt es ihnen, abends einen Nudelsalat zuzubereiten und ihn fix fertig in einem dichten Behälter im Kühlschrank für den Morgen aufzubewahren. Gleiches gilt für das

Mag. Ingeborg Hanreich, IBCLC
Ernährungswissenschafterin und Stillberaterin

Mischen von Getränken, das Füllen einer Pausenbox mit Gemüse bzw. Obst, das Zubereiten von Aufstrichen oder das Vorbereiten von Pausenbroten.
Erhält die Zubereitung einen festen Platz in der Abendroutine, dann bleiben in der Früh nur wenige Handgriffe, die ein unterstützender Partner oder ein älteres Kind übernehmen könnten.

Unsere Vorschläge lassen sich natürlich genauso nachmittags verwenden. Natürlich eignet sich vieles auch für die Büropause bzw. für eine kleine Mittags- oder Abendmahlzeit.
Wir hoffen, dass unsere Kreationen Ihnen und Ihren Kindern munden, und wünschen Ihnen, dass Sie darunter Ihre Lieblingspausenbrote entdecken!

# GEBRAUCHSANWEISUNG

Schon in unseren anderen Rezeptbüchern hat sich die Gebrauchsanweisung gut bewährt. Nehmen Sie sich die Zeit und lesen Sie, wie Sie dieses Buch am bequemsten handhaben.

Einleitend möchten wir unsere deutschen und schweizer Leserinnen und Leser informieren, dass die „Übersetzung" der österr. Begriffe in Klammern nachgestellt angegeben ist.

## So finden Sie, was Sie suchen!

Der seitliche Buchlauf hilft Ihnen, die einzelnen Kapitel (Pausenbrote, Aufstriche, Salate, Gebäck, Pikantes, Süßes, Fruchtiges und Getränke) rasch aufzuschlagen.
Nach bestimmten Rezepten, zu denen auch unser Fingersymbol „☞" verweist, suchen Sie am besten in unserem, alphabetischen Rezeptregister Seite 162. Auf ergänzende Rezepte, die Sie in unserem Buch *„Pfiffige Rezepte für kleine und große Leute"* nachschlagen können, wird teilw. mit ☞ „PR" verwiesen.

Das Stichwortverzeichnis im Anhang enthält die wichtigsten Zutaten der Speisen, sodass Sie dort beispielsweise sofort alle Gerichte mit ☞ „Topfen (Quark)" herausfinden können, sollten Sie eine ganze Packung verwerten wollen.
Wenn Sie z. B. unter Zeitdruck eine größere Menge an Gurken oder einer anderen Gemüsesorte verarbeiten müssen, empfiehlt es sich auch immer, zusätzlich unter dem Stichwort ☞ „Gemüse" zu suchen, weil in manchen Rezepten die Gemüsesorten austauschbar sind.

Im Anhang finden Sie weiters ein Adressverzeichnis mit den Verbänden von BIO-Lebensmittel-Anbietern.
Auf Seite 164 ist das Abkürzungsverzeichnis enthalten. Es erklärt nicht nur die Mengenbegriffe, sondern auch den Titel IBCLC.

**Serviervorschläge** ergänzen die Rezepte durch Tipps, z. B. welche Getränke zu den Pausenbroten passen.
Extra herausgehoben sind unsere Ideen für **Variationen.** Sie ermöglichen es Ihnen, aus einem Rezept mit kleinen Änderungen eine Vielzahl von Rezepten zu zaubern oder auf den jeweiligen (Kräuter)geschmack Ihres Kindes besser einzugehen.

**Lesen Sie immer das ganze Rezept, bevor Sie zu kochen beginnen!** In den Kästen sind informative Hinweise über einzelne Inhaltsstoffe, Bestandteile oder Zubereitungsschritte enthalten.

## Portionsangaben

Unterhalb unserer Rezeptüberschriften sind zuerst Mengen und Portionen angegeben.

Unsere Rezepte sind, wenn nicht anders angegeben, für zwei Erwachsene und für zwei kleine Portionen (für Schulkinder im Alter von 6 bis 10).

Größere Kinder – speziell solche, die sich sehr viel bewegen – oder Jugendliche brauchen eventuell größere Portionen. Für Kleinkinder brauchen Sie etwas weniger.

## Küchenbezogene Merkmale

Darunter finden Sie Angaben zu küchenbezogenen Merkmalen sowie über Eignung und Einfachheit der Zubereitung. Sie sind bei der Auswahl der Rezepte hilfreich.
Nach diesen Merkmalen kann auch im Anhang gesucht werden unter dem Kapitel **Merkmale** (Seite 164).

### Überblick küchenbezogener Merkmale samt Bedeutung

| Merkmale | Bedeutung |
| --- | --- |
| für Kinderköche geeignet | Kinder können kleinere Handgriffe zur Zubereitung beitragen, z. B. das Belegen einer Pizza. So wird die Akzeptanz der Speisen erhöht. |
| auf Vorrat | Ganze Speisen und Teile davon (z. B. der Teig) können auf Vorrat zubereitet werden. |
| kalorienreduziert | Diese Bezeichnung weist darauf hin, dass wir beim betreffenden Rezept gegenüber herkömmlichen Speisen Kalorien eingespart haben. |
| vielseitig, einfach & rasch<br>aufwändiger<br>vorbereitbar | Damit werden Zubereitungseigenschaften hervorgehoben. |
| für unterwegs | Diese Speisen können besonders gut für unterwegs verwendet werden. |
| für Überraschungsgäste<br>für Feste | Die spezielle, zusätzliche Eignung des Rezeptes wird hier hervorgehoben. |
| ein Klassiker<br>etwas Besonderes | Diese bewährten Rezepte kommen immer gut an oder sind für besondere Gelegenheiten gut geeignet. |

# TIPPS FÜR DIE ZUBEREITUNG

Das Kettenkochen ist äußerst praktisch, deshalb finden Sie dazu auch in dem Buch *„Pfiffige Rezepte für kleine und große Leute“* (Seite 174) Beispiele.

## Kettenkochen

Bei dieser Technik werden für den nächsten Tag Teile von Speisen (z. B. Beilagen, Palatschinken oder gekochtes Gemüse) gemeinsam mit der aktuellen Mahlzeit zubereitet.
Hier kommt der Wochenplanung ein großer Stellenwert zu. Auch bei der Zubereitung von Zwischenmahlzeiten hat sich das Kettenkochen bewährt.
So mancher Aufstrich (z. B. ☞ „Aufstrich auf Getreidebasis“) lässt sich zum Abendessen in einer Variante (z. B. mit Ei) zubereiten, während eine andere Variante (z. B. mit Schafkäse) im Pausenbrot des nächsten Tages Abwechslung garantiert.

Salate mit Getreide oder Nudeln können am nächsten Tag mitgegeben werden, wenn sie über Nacht verschlossen im Kühlschrank aufbewahrt wurden.
Würzen Sie den Teil, der für die Pause vorgesehen ist, am Vortag nur wenig und verfeinern Sie den Salat morgens durch klein geschnittene, frische Kräuter oder eine weitere Gemüsekomponente und salzen Sie erst dann. Achten Sie bei Salaten für unterwegs auf gut verschließbare Transportbehälter!

Sehr gut eignet sich die ☞ „Pikante Tarte“ für mittags, abends oder unterwegs. Der Teig ist vorbereitbar und verträgt auch 2 Tage Rast im Kühlschrank, wenn er eingeölt in einem verschlossenen Behälter gelagert wird.
Belegen Sie dieselbe Tarte mit verschiedenen Gemüsesorten, so können Sie ohne allzu großen Mehraufwand jedem Familienmitglied seine Lieblingstarte servieren! Ein Teigstreifen sorgt für die Abgrenzung der Bereiche.

Oft kommt es vor, dass Familienmitglieder nicht zur selben Zeit zum Essen nach Hause kommen.
Da das Warmhalten der Gerichte über mehr als eine Stunde zu großen Vitaminverlusten führt, sollten Sie die Speisen zwischendurch kühlen (z. B. im kalten Wasserbad) und später kurz vor dem Essen wieder erwärmen.

***Eine Speise eine Stunde auf dem Herd oder im Backrohr warm zu halten verursacht höhere Vitaminverluste, als dieselbe Speise einen ganzen Tag im Kühlschrank aufzubewahren oder einen Monat tiefzukühlen.***

Tiefgekühlte Gerichte sollen möglichst rasch aufgetaut und erhitzt werden. Sie können Tiefkühlgemüse direkt durch Anrösten in Topf oder Pfanne bzw. im Dampfgarer auftauen.

Tiefgekühltes Brot oder Weckerln (z. B. für Engpässe am Wochenende) werden am besten im Rohr aufgebacken oder langsam bei Zimmertemperatur aufgetaut.

## Kalorien – mehr oder weniger

Wir haben bewusst Rezepte mit verschiedener Kaloriendichte gewählt. Kinder, die wenig frühstücken, sollen auf jeden Fall Milchgetränke (zusätzlich zu Wasser oder kaltem Früchtetee) und evtl. eine Extraportion Nüsse im Pausenpaket mitbekommen.

Wenn Ihr Kind dazu neigt, eine „gewichtige Persönlichkeit“ zu werden, tauschen Sie anhand folgender Tabelle einzelne Zutaten. Sie sparen dadurch Energie ein. Wenn Sie statt eines panierten Schnitzels ein Naturschnitzel wählen, verringern Sie den Kaloriengehalt um 50 %.

Braucht Ihr Kind mehr Kalorien, dann sollten Sie die energiereicheren Zutaten aus der Tabelle verwenden.

In unserem Buch *„Essen und Trinken im Kleinkindalter“* haben wir unter der Rubrik *„Was tun, wenn …“* dem Übergewicht und Untergewicht von Kindern je ein Kapitel gewidmet.

### Austauschtabelle

| kalorienreicher | kalorienärmer |
|---|---|
| Cottage Cheese 20 % F.i.T | Cottage Cheese leicht |
| Butter (oder Margarine) als Brotaufstrich | Magertopfen, dünn aufgetragen |
| Naturjoghurt mit 3,6 % Fettgehalt | Naturjoghurt mit 1 % Fettgehalt |
| Butter (oder Margarine) in der Aufstrichbasis | Sauerrahm oder Naturjoghurt, 1 % |
| Thunfisch in Öl | Thunfisch in Salzlake |
| Oberskren aus dem Glas | Kren, gerissen aus dem Glas |
| Mayonnaise in der Salatmarinade | mehr Naturjoghurt oder etwas Sauerrahm |
| Sauerrahm in der Salatmarinade | (probiotisches) Naturjoghurt |
| Blätterteig | Germteig oder Strudelteig |
| Vollmilch | Halbfettmilch 1,8 % |

# WAS SCHULKINDER BRAUCHEN

Wie Kleinkinder brauchen auch Schulkinder eine ausgewogene Zusammenstellung ihrer Nahrung aus den 7 Lebensmittelgruppen. Dies sind Getränke, Beilagen, Obst, Gemüse, Milchprodukte, sonstige tierische Lebensmittel und Fette. Sie liefern alles, was das Kind zu seinem Wohlbefinden braucht.

Eine begrenzte Menge an zucker- bzw. fettreichen Lebensmitteln wird zusätzlich geduldet. Das Überhandnehmen dieser Zusatzkalorien führt rasch zu einer Unterversorgung mit Nährstoffen aus anderen Lebensmitteln. Übergewicht kann die Folge sein.
Vor allem die sogenannten Kinderlebensmittel – Produkte, die speziell für Kinder hergestellt werden – sind in der Regel zu fett- und zuckerhältig. Da ist es besser, auf herkömmliche Nahrungsmittel zurückzugreifen. So kann Ihr Kind außerdem eine Ernährung auf natürlicher Basis kennenlernen.

Achten Sie darauf, **ausreichend Getränke** einzupacken! Wasser, Mineralwasser, Kräuter- oder Früchtetee sowie verdünnte Obst- oder Gemüsesäfte liefern die nötige Flüssigkeit. Diese braucht der Körper für seinen Wasserhaushalt und die Temperaturregulierung.
Getränke sind vor allem dann nötig, wenn hochsommerliche Temperaturen herrschen oder Ihr Kind bei Sport und Spiel viel Flüssigkeit über den Schweiß verliert. Wenn gutes Trinkwasser aus der Wasserleitung erhältlich ist, geben Sie Trinkbecher und leere Trinkflaschen mit, damit Ihr Kind seinen Durst stillen kann.

**Brot, Getreide und Beilagen** sichern die Energieversorgung. Viele Kinder reagieren stark auf zu große Unregelmäßigkeiten bei der Mahlzeitenverteilung. Sorgen Sie für 5 Mahlzeiten täglich, um Heißhunger, Unruhe und Hektik zu vermeiden. Im Schulkindalter sollen mindestens 4 davon Brot oder Beilagen enthalten. Im Kleinkindalter sind sogar 5 Beilagenportionen nötig. Bevorzugen Sie dabei Vollkornprodukte, da diese länger sättigen, den Darm „wie eine Bürste" reinigen und mehr Vitamine und Mineralstoffe enthalten. Setzen Sie auch das Abendessen zeitgerecht an, damit zwischen zwei Mahlzeiten nicht mehr als 3 bis 4 Stunden verstreichen.

**Obst und Gemüse** bieten wertvolle Vitamine, wie z. B. Vitamin C. Außerdem schützen die sogenannten „sekundären Pflanzeninhaltstoffe" vor Krebs und anderen Erkrankungen. Obst und Gemüse haben deshalb in letzter Zeit an Bedeutung gewonnen und sollen ca. ein Drittel dessen ausmachen, was auf den Teller kommt.

*In zwei Kinderhände passt eine Portion Obst (z. B. Kirschen) bzw. eine Portion Gemüsestücke.*

Zwei Portionen Obst und drei Portionen Gemüse werden täglich empfohlen. Die Hände des Kindes sind dabei der Maßstab für die Portionsgröße.
Greifen Sie zumindest einmal pro Woche zu einer Portion Hülsenfrüchte (Linsen, Erbsen oder Bohnen). Sie liefern wertvolle Ballaststoffe.
Welches Gemüse und Obst gerade Saison hat, erfahren Sie in unserem Newsletter oder im Saisonkalender ☞ *„Pfiffige Rezepte – ...“* (Seite 174).
Waschen Sie Obst und Gemüse immer sorgfältig mit einer speziellen Bürste. Sollten Sie mit einer Gemüsebürste nicht gründlich genug waschen können, ist dünnes Schälen die beste Alternative – möglichst dünn deshalb, weil direkt unter der Schale besonders viele der wertvollen Vitamine und Mineralstoffe zu finden sind.

**Milch und Milchprodukte** versorgen den Körper gerade im Wachstum mit dem für den Knochenaufbau wichtigen Calcium. Dabei ist es egal, ob Ihr Kind ein Milchtrinker ist oder gerne Käse mag. Ein bisschen Vorsicht ist bei fertig gekauften Fruchtjoghurts und Topfendesserts (Quarkdesserts) geboten, denn sie sind meist sehr fett- und zuckerreich.
Können aufgrund einer Allergie oder einer Abneigung keine Milchprodukte gegessen werden, dann müssen Hülsenfrüchte, Samen und Vollkorn vermehrt in den Speiseplan einbezogen werden. Außerdem soll calciumreiches Mineralwasser zum Trinken angeboten werden.

**Fleisch, Fisch und Eier** liefern wertvolles Eiweiß. Das ist zum Aufbau der Muskelmasse und daher besonders im Wachstum nötig.

*Fleisch ist unser bester Eisenlieferant. Viele Kinder und Jugendliche ernähren sich aber vegetarisch.*
*Isst Ihr Kind kein Fleisch, dann kommt den eisenreichen Getreidesorten Hirse und Hafer ein großer Stellenwert zu. Sie sollten täglich in den Speiseplan eingebaut werden.*

Es zahlt sich aus, bei dieser Lebensmittelgruppe auf Qualität zu achten. Biologisches Rindfleisch, Fisch aus unbedenklichen Fischfanggebieten, Eier von Hühnern, die nicht mit Genmais oder Fischmehl gefüttert werden – hier zählt die bewusste Auswahl!
In Fleisch, Fisch und Eiern (wie auch in Milchprodukten) ist allerdings oft viel Fett und Cholesterin verborgen, sodass sie nicht unbegrenzt genossen werden sollen.

Schließlich gibt es noch die Gruppe der Fette. **Öle, Margarine und Butter** sind die Träger der fettlöslichen Vitamine und wesentliche Baustoffe für die Zellen. Auch Nüsse können zu dieser Gruppe gerechnet werden, da sie etwa zur Hälfte aus Fett bestehen. Fett enthält sehr viel Energie, sodass auch hier das richtige Maßhalten wichtig ist.

Viele Elternfragen beziehen sich auf einzelne Lebensmittel (z. B. auf probiotische Milchprodukte, kaltgepresste Öle, Fischstäbchen, Tiefkühlgemüse und Fast food). Dazu finden Sie in unserem Ernährungsleitfaden *„Essen und Trinken im Kleinkindalter"* aufschlussreiche Informationen. Diese gelten auch für das Schulkindalter.

## Wie viel soll mein Kind wovon essen?

Entnehmen Sie bitte der nachfolgenden Tabelle die zum Verzehr empfohlenen Mengen aus allen Lebensmittelgruppen. Sie stellen einen Richtwert dar.
Erfahrungsgemäß schwankt die Aufnahme bei Kindern von Tag zu Tag. Mal wird mehr gegessen, mal werden einzelne Lebensmittel oder gar ganze Mahlzeiten verweigert. Das hängt nicht nur mit persönlichen Vorlieben, sondern auch mit Wachtumsschüben zusammen.
Wichtig ist, dass im Durchschnitt in einer Woche annähernd die empfohlenen Mengen gegessen und getrunken werden.

In der Tabelle sind auch die geduldeten Lebensmittel angeführt. Da sie als Zusatz zur Basis oder als Luxus gelten, sollen die angegebenen täglichen Mengen davon nicht überschritten werden. Speziell bei süßen Getränken, die zu den Süßigkeiten gerechnet werden müssen, ist Vorsicht geboten!

# Altersgemäße Lebensmittelverzehrsmengen im Überblick



## Empfohlene Lebensmittel (> 90 % der Gesamtenergie)

| Alter des Kindes | | 7 – 9 Jahre | 10 – 12 Jahre | 13 – 14 Jahre (w/m) |
|---|---|---|---|---|
| reichlich | Getränke | 900 ml/Tag | 1000 ml/Tag | 1200 / 1300 ml/Tag |
| | Brot bzw. Getreide(flocken) | 200 g/Tag | 250 g/Tag | 250 / 300 g/Tag |
| | Kartoffeln* | 150 g/Tag | 180 g/Tag | 200 / 250 g/Tag |
| | Gemüse | 220 g/Tag | 250 g/Tag | 260 / 300 g/Tag |
| | Obst | 220 g/Tag | 250 g/Tag | 260 / 300 g/Tag |
| mäßig | Milch(produkte)** | 400 ml (g)/Tag | 420 ml (g)/Tag | 425 / 450 ml (g)/Tag |
| | Fleisch / Wurst | 50 g/Tag | 60 g/Tag | 65 / 75 g/Tag |
| | Eier | 2 Stk./Woche | 2 – 3 Stk./Woche | 2 – 3 Stk./Woche |
| | Fisch | 150 g/Woche | 180 g/Woche | 200 / 200 g/Woche |
| wenig | Öl, Margarine, Butter | 30 g/Tag | 35 g/Tag | 35 / 40 g/Tag |

* oder Nudeln, Reis u.a. Getreide
** 100 ml Milch entsprechen im Calciumgehalt ca. 15 g Schnittkäse oder 30 g Weichkäse

## Geduldete Lebensmittel (< 10 % der Gesamtenergie)

| Alter des Kindes | | 7 – 9 Jahre | 10 – 12 Jahre | 13 – 14 Jahre (w/m) |
|---|---|---|---|---|
| wenig | zuckerreich* | 50 g/Tag | 60 g/Tag | 60 / 75 g/Tag |
| | fettreich** | 10 g/Tag | 15 g/Tag | 15 / 20 g/Tag |

* z. B. Süßigkeiten, Kuchen, Zucker, Sirup
** z. B. Chips, Nüsse, Wurst, Torten

Quelle: Forschungsinstitut für Kinderernährung, Dortmund

# AUSGEWOGENES FÜR ZWISCHENDURCH

Vor allem wenn das erste Frühstück klein ausgefallen ist, sollte die Pause eine gute Versorgung Ihres Kindes gewährleisten.

## Wenn das Frühstück fehlt ...

Energetisch betrachtet ist das Frühstück für Kinder und Erwachsene gleichermaßen das „Sprungbrett in den Tag". Gemeinsam mit der Vormittagspause sollen 40 % der täglichen Energie aufgenommen werden.
Manche Kinder finden morgens nicht die nötige Ruhe, andere sind noch nicht wach genug, um ein großes Frühstück zu verzehren, dann gewinnt die Zwischenmahlzeit an Bedeutung. Ein warmes Getränk ist aber selbst für Morgenmuffel notwendig. Keinesfalls sollte das Frühstück ganz gestrichen werden. Denn dann sinkt die Konzentration während des Unterrichts.

Ein guter Start in den Tag bringt eben nicht nur etwas für Gesundheit und Wohlbefinden, sondern steigert die Denkleistung und die Lernfähigkeit am Vormittag. Er verbessert die Aufmerksamkeit und Genauigkeit im Unterricht.

In der Regel besteht das Frühstück aus einem warmen Getränk (Tee oder Milchgetränk) und Brot mit Butter, Marmelade oder Honig.
Manchen Kindern, vor allem überaktiven, kommt solch ein süßes Frühstück allerdings nicht gelegen, da es zu Heißhunger führt. Ihnen würde es mehr Ruhe und Stabilität verleihen, wenn das Frühstück – wie in anderen Kulturen – eine pikante, warme Mahlzeit wäre. Probieren Sie es in diesem Fall doch mit Polenta (gekochtem Maisgrieß), Hafersuppe, Grießsuppe oder ☞ „Orangen-Milchreis" (☞ „Pfiffige Rezepte ..." Seite 174). Oder bieten Sie Aufstriche oder pikanten Brotbelag und Gemüse zum Frühstück an.

## Das 1 x 1 der Pausenmahlzeit

*„Bieten Sie eine abwechslungsreiche Pausenverpflegung an!"* ist in der Praxis ein häufig gehörter, jedoch ungenügender Appell.
Montags Wurstbrot, dienstags Schinkenbrot, mittwochs Leberkäsesemmel (Fleischkäsebrötchen) – klingt zwar abwechslungsreich, ist es aber nicht in der Nährstoffversorgung.
Beherzigen Sie folgende 7 Grundsätze, wenn Sie Ihr Kind für den Unterricht fit machen und dazu das richtige Pausenbrot wählen wollen:

- **Grundlegende Basis jeden Pausenpaketes ist ein Getränk.**

Geben Sie immer etwas zu trinken mit, auch wenn es „nur" Wasser ist. Vielen Kindern ist es zu mühsam, sich einen Becher an der Wasserleitung zu füllen. Manche vergessen während des Spielens darauf oder haben keinen Becher dabei.
Auch ältere Schulkinder schätzen ein erfrischendes Getränk vor allem an Tagen, an denen Sportunterricht stattfindet und der Durst sehr groß ist.

Als Durstlöscher empfehlen wir neben Wasser und Mineralwasser kalten, ungesüßten Kräuter- oder Früchtetee.
Mit Wasser oder Tee aufgespritzte Obst- oder Gemüsesäfte sind vor allem für Obst-Essmuffel gut geeignet und gelten als Obst- bzw. Gemüseersatz. Wählen Sie zwischen ☞ Pfefferminz-Apfelsaft, Orangen-Zitronenmelissensaft, ☞ Joghurt-Vitamin-Drink und verdünntem Tomaten- oder Karottensaft.

Sie können aber auch Molkegetränke in eine der kleinen, bruchsicheren Plastikflaschen füllen, die einen Trinkverschluss haben. Fertige Molkegetränke können auch mit Wasser verdünnt werden. Sie sind in der Regel sehr süss.

Viele Trinkmuffel werden auch durch coole Flaschen (mit Aufklebern, in Lieblingsfarben oder in Form einer Thermos-Radlerflasche) motiviert. Verstauen Sie die Flasche jedenfalls so in einem Fach der Schultasche, dass sie nicht umfallen und auslaufen kann!
Wenn es einmal schnell gehen soll, reicht der Griff zu einer handelsüblichen Mischung von Obstsaft und Mineralwasser, z. B. Ribiselsaft (Johannis-

beersaft) gespritzt. Manche Kinder wollen allerdings lieber ein herkömmlich verpacktes Getränk mit in die Schule nehmen, das wirkt lässiger als ein Getränk aus einer mitgebrachten Flasche.
Achten Sie in diesem Fall bitte darauf, 100%igen Fruchtsaft zu kaufen! Hinter den Begriffen Fruchtnektar und Fruchtsaftgetränk verbergen sich Mischungen mit Wasser und Zucker.

Smoothies sind cool und versorgen mit den Vitaminen der Früchte. Allerdings reicht ein Smoothie zumeist für die Obstversorgung des gesamten Tages aus. Er sollte daher nicht mit weiterem Obstsaft (oder Obst in größeren Mengen) kombiniert werden.
Limonaden und herkömmlicher Eistee enthalten ebenfalls zu viel Zucker (ca. 28 Stück Würfelzucker pro Liter) und sind daher ungeeignet. Von Eistee muss im Volksschulalter abgeraten werden, da er zumeist aus Schwarztee hergestellt wird.
Viele Kindergetränke in der Packung oder in der Flasche enthalten statt des Zuckers Süßstoff, der für Kinder nicht empfohlen werden kann.

- **Um den Hunger zwischendurch stillen zu können, braucht der Körper kohlenhydratreiche Nahrung.**

Getreideprodukte, Erdäpfel (Kartoffeln) und Obst beugen Müdigkeit bzw. Heißhunger vor und helfen die Konzentration aufrechtzuerhalten.
Wie wäre es also mit pfiffig belegten Schulbroten, wie z. B. mit dem ☞ „Brot

am Spieß", einer Portion ☞ „Knäckebrotmüsli" (☞ „Pfiffige Rezepte ..." Seite 174), mit ☞ „Apfel-Milchreis" oder mit einer kleinen Portion ☞ „Nudelsalat mit Paradeisern (Tomaten) und Mozzarella"?
Und bei größerem Bedarf als kleine Zugabe für eine 2. Pause vielleicht ein Esslöffel voll getrockneter Preiselbeeren oder ein Schokoladekeks?

- **Milch und Milchprodukte sollen in keiner Pause fehlen.**

Denn wer wachsen will, braucht Calcium zum Aufbau von Knochen und Zähnen.
Je nach Geschmack Ihres Kindes können Buttermilch, Sauermilch, „junger" Kefir, Trinkjoghurt, Natur- oder Fruchtjoghurt (am besten gemischt mit Naturjoghurt), Milchmixgetränke, Kakao, Molkegetränke, Käse oder Frischkäse gewählt werden.
Milchprodukte lassen sich aber auch in Aufstrichen oder Salaten eingebunden mitgeben.

In südlichen Ländern werden Joghurt, Sauermilch oder Kefir oft mit Mineralwasser gemischt und mit verschiedenen Gewürzen (Vanille, Pfefferminze oder Knoblauch, Salz und Pfeffer) abgeschmeckt.
Aber auch „gestreckte" Milchmixgetränke mit Früchten schmecken gut und helfen, die Wasserreserven des Körpers wieder aufzufüllen.

Für ältere Kinder sind extra mitgegebene ☞ „Joghurtsaucen" (☞ PR) mit Kräutern oder Fruchtmus zum Eintauchen der Vitamin-Stäbchen aus Obst oder Gemüse ein Hit und verlocken sicher auch Schulfreunde und Schulfreundinnen zum Mitmachen.
In den Portionsgrößen sollten Sie dies dann berücksichtigen!

- **„Vit-ness" kommt von Vitaminen, daher dürfen Obst und Gemüse bei der Verpflegung nicht fehlen!**

Bedenken Sie hier, dass mundgerecht vorbereitete Obststücke und in Stifte geschnittenes Gemüse für Kinder handlicher sind und sie eher zum Knabbern verführen als z. B. ein ganzer Apfel.
Eine zerteilte Tomate wird jedoch meistens links liegen gelassen, wenn sie nach dem Transport nicht mehr so appetitlich aussieht.

Cocktailtomaten, Kohlrabistücke, Karottenstifte, Zwetschken etc. lassen sich in einer gut verschließbaren, stabilen, vielleicht mit Aufklebern vom Kind selbst dekorierten Hartplastikbox vor Druck geschützt mitnehmen.

Am Vortag zerkleinertes Gemüse oder Obst verliert zwar einen Teil der enthaltenen Vitamine, aber Mineralstoffe und Ballaststoffe bleiben erhalten.
Wenn Sie zu den typischen Morgenmuffeln zählen, sollten Sie die Pausenverpflegung schon am Vorabend zusammenstellen und verschlossen im Kühlschrank aufbewahren.
Frei nach dem Motto: Besser eine nicht ganz frisch zubereitete als gar keine

Versorgung! Denn in Summe wird mit Obst, Knabbergemüse, vegetarischen Broten bzw. Salaten zum Mitnehmen eine gute Alternative zu Wurstsemmel (-brötchen) & Co geboten.

- **Auf die Verpackung kommt es an!**

Verwenden Sie für die Zwischenmahlzeit immer gut verschließbare Gefäße und wasserdichte Säckchen!
Joghurtbecher sind nicht bruchsicher und vor allem die Deckel können leicht verletzt werden. Gerade in der Schultasche ist ein Malheur schnell passiert. Nichts ist unangenehmer als ein Joghurt oder eine zerquetschte Banane, die sich gleichmäßig über alle Schulsachen verteilen.
Daher empfiehlt es sich, Empfindliches entweder in einen dichten Behälter zu geben bzw. umzufüllen oder den ganzen Joghurtbecher in einem passenden Hartplastikgefäß mit Deckel zu verpacken. Denken Sie auch an notwendiges Besteck für Speisen, die gelöffelt werden!

Für Brote eignen sich am besten flache Behälter. Sie können die Brote auch nach der Sandwich-Methode fest in 2 Schichten Frischhaltefolie einwickeln. So eingepackt, halten sich Brote frisch bis zur Pause und können dann leichter gegessen werden, besonders wenn viel Gemüse oder Obst enthalten ist.

- **Geschmäcker sind verschieden – fragen Sie nach!**

Am besten noch bevor Sie eine große Enttäuschung erleben und nach Jahren draufkommen, dass das von Ihnen vorbereitete Pausenbrot täglich im Mülleimer der Schule gelandet ist.
Welche Obstsorten magst du am liebsten? Was ist dein Lieblingsgemüse? Lassen Sie die Wahl zwischen einzelnen Brotsorten oder den verschiedenen Milchprodukten.
Sie können die Auswahl auch eingrenzen, wenn Sie zwischen 2 Pausenbroten mit verschiedenen Käsesorten wählen lassen. Verwöhnen Sie ab und zu mit Knabbervariationen oder unseren Süßspeisen, die eine gute Alternative zu herkömmlichen, fettreichen Fertigprodukten sind!

- **Wählen Sie Qualität!**

Haltbarkeitsdatum und Frische der einzelnen Zutaten sind besonders wichtig. Doch nach wie vor gilt, dass BIO-Qualität ein zusätzliches „Plus" ist. Ungespritzten Lebensmitteln aus dem eigenen Garten oder vom Biobauern ist der Vorzug zu geben. Denn Lebensmittel werden durch die Art und Weise, wie sie behandelt werden, in ihrer Qualität geprägt und beeinflusst.
Außerdem gilt es, unsere Erde und die Artenvielfalt bestmöglich für unsere Kinder zu bewahren.

Doch wie kann man sicher sein, dass es sich wirklich um BIO-Qualität handelt?
Um Sie als Konsument vor „Pseudo-Bioprodukten" zu schützen, gibt es BIO-Gütesiegel. Diese helfen mit, biologische Nahrungsmittel zu erkennen. Österreich ist Vorreiter in der EU, wenn

es um BIO-Verzehr und Produktion von BIO-Lebensmittel geht. Drei Formulierungen garantieren Ihnen echte BIO-Produkte:

- Aus biologischem Anbau
- Aus biologischem Landbau
- Aus biologischer Landwirtschaft

Statt biologisch können auch „ökologisch“ oder Wortzusammensetzungen wie „organisch-biologisch“ oder „biologisch-dynamisch“ verwendet werden. Echte BIO-Lebensmittel können auch mit dem EU-BIO-Zeichen gekennzeichnet sein, einem Blatt aus grünen Sternen, womit die Übereinstimmung mit der EU-BIO-Verordnung und die Einhaltung der vorgesehenen Kontrolle bestätigt werden.
Über die EU-BIO-Richtlinien hinaus finden Sie weiters privat vergebene Biozeichen (z. B. Ernteverband, Demeterbund, Freilandverband u. a.) sowie BIO-Eigenmarken der Handelsketten (z. B. Ja!Natürlich, Styria beef, Spar Naturpur, Bio+), welche für die Produktqualität garantieren.

Nicht jeder hat jedoch die finanziellen Mittel und die Gelegenheit, immer biologische Lebensmittel zu kaufen.
Deshalb sollten Sie bei herkömmlichem Gemüse und Obst noch folgenden Tipp beherzigen:
Entfernen Sie Stielansätze (von Paradeisern, Paprika, Äpfeln etc.) sorgfältig, denn hier sammeln sich Rückstände von Spritzmitteln und vom Regen. Damit haben Sie schon viel bewirkt.

# BRAINFOOD – NAHRUNG FÜRS GEHIRN!

Unser Gehirn macht nur 2 % unseres Körpergewichts aus, aber es benötigt 20 % der gesamten über die Nahrung aufgenommenen Energie. Da es nicht die Möglichkeit besitzt, Energie zu speichern, ist es auf eine gleichmäßige Nahrungszufuhr angewiesen.
Durch richtige Ernährung ist es zwar nicht möglich sich „intelligent zu essen", aber die gegebenen Möglichkeiten voll auszuschöpfen. So werden die Konzentration, die Leistungsfähigkeit und die Merkfähigkeit optimiert.

## Baustoff für die Nerven

Der Baustoff Lecithin ist ein körpereigener Fettstoff, der speziell im Gehirn vorkommt. Er ist jedoch auch in pflanzlichen und tierischen Lebensmitteln enthalten. Im Gehirn sorgt er unter anderem für die Isolierung der Nervenfortsätze an den Nervenzellen. Somit ist er für die reibungslose Weitergabe von Nervenimpulsen verantwortlich.

Außerdem kann Lecithin in Nerven und Gehirn zu einem bedeutenden Botenstoff zwischen den Nervenzellen umgewandelt werden. Lecithin aus Präparaten wird daher nachgesagt, positive Wirkung auf die Konzentration und das Gedächtnis zu haben.

### Gute Lecithinquellen

Lecithinpräparate aus der Apotheke versprechen, ab einer Anwendungszeit von 4 Wochen die Konzentrationsfähigkeit zu steigern. Derzeit gibt es allerdings keine wissenschaftlichen Studien, die diese Wirkungen ausreichend belegen. Hinzu kommt, dass Nahrungsergänzungsmittel im Allgemeinen sehr teuer sind.
Grundsätzlich sind sie bei einer ausgewogenen Ernährung auch nicht notwendig. Denn Lecithin ist in tierischen Fetten, Eidottern (Eigelb) sowie in pflanzlichen Samen, Nüssen und Kernen und den Ölen daraus enthalten.
Kleine Mengen Sonnenblumenkerne, Kürbiskerne, Haselnüsse, Walnüsse, Sesam oder Mohn gewährleisten eine gute Versorgung. Auch Milchprodukte, Mais, Lupinen (in manchen Zwiebacksorten enthalten) und Hülsenfrüchte wie Erbsen oder Sojabohnen tragen dazu bei.

Daher empfiehlt es sich, eher auf eine gute Zusammensetzung auf dem Teller Ihrer Kinder zu achten, als Präparate zu geben. Denn so kann das Gehirn seine optimale Leistung erbringen.

## Höchstleistung im Gehirn

Während es für den Körper gleichgültig ist, wie oft und wann bei gleicher Menge gegessen wird, ist es für die Gehirnfunktion von großer Bedeutung, mehrmals täglich versorgt zu werden.
Zum Frühstück empfiehlt sich eine kohlenhydratreiche Mahlzeit mit Ge-

treide oder Brot. Die Zwischenmahlzeit am Vormittag treibt die Leistungsfähigkeit an die Spitze.

Das Mittagessen sollte eiweißbetont sein, also kleine Mengen an Fleisch, Fisch, Ei oder Hülsenfrüchten enthalten. Es sollte darauf geachtet werden, dass es sich um eher fettarme Kost handelt, da sonst unser ganzer Organismus belastet wird.
Um die Nahrung zu verdauen benötigt der Magen Ihres Kindes viel Energie. Außerdem werden Magen und Darm vermehrt mit Blut versorgt. Dadurch erfährt das Gehirn einen relativen Mangel an Energie und Sauerstoff. Weshalb sich Kinder nach einem schweren Mittagessen oft müde und abgeschlagen fühlen.

Nachmittags hilft ihnen eine kleine Zwischenmahlzeit, die Leistungsfähigkeit des Gehirns bis zum Abend zu gewährleisten. Das Abendessen sollte wieder kohlenhydratreich ausfallen.
Folgendes ist bei allen Mahlzeiten besonders wichtig:

- **Optimale Energieversorgung**

Das Gehirn Ihres Kindes muss ständig mit dem kleinsten Energiebaustein, der Glukose (dem Traubenzucker) versorgt sein. Dieser wird aus der Stärke und dem Zucker der Nahrung zur Verfügung gestellt.
In der Nacht, während keine Nahrung aufgenommen wird, ist die Leber für die Minimalversorgung des Gehirns mit Glukose verantwortlich.

Nun könnte man meinen, man müsste nur einfach Traubenzuckerstücke essen, um optimal versorgt zu sein. Dies führt jedoch zu starkem Anstieg des Blutzuckerspiegels. Doch sein schneller Abfall danach lässt nicht lange auf sich warten, macht müde und beeinträchtigt die Leistung.

Daher hilft zwar ein Stück Traubenzucker in der Schule, wenn das „Tief" kurz vor Ende der Schularbeit oder des Tests zu spüren ist, aber die Wirkung hält nicht lange an.
Komplexe Kohlenhydrate, die sich vor allem in Vollkornprodukten, Reis, Obst und Gemüse finden, sorgen dafür, dass der Blutzuckerspiegel über einen längeren Zeitraum hinweg ansteigt und erst allmählich wieder abfällt. Sie werden nämlich langsamer abgebaut, wodurch ständig kleine Mengen Glukose an das Gehirn abgegeben werden.
Ein gutes Pausenbrot etwa eine Stunde vor der Schularbeit oder dem Test unterstützt daher gleichmäßiger.

- **Eiweiß für Gedächtnis und den Informationsfluss**

Aminosäuren sind Eiweißbausteine, die unter anderem dem Aufbau von Nervenzellen und deren Verbindungselementen, den Synapsen, dienen.
Des Weiteren sind Aminosäuren Vorstufen für die Botenstoffe zwischen den Nerven. Sie sind für das Lernen und Abrufen von Informationen von großer Bedeutung.
Der bekannteste und wichtigste Bote ist Acetylcholin. Man findet ihn vor al-

lem in fetten Seefischen, magerem Fleisch, Eiern, Milch, Soja, Erdnüssen, Sesam und Linsen.

• **Fett – „Schmiermittel" für die Datenübertragung**

Fettähnliche Verbindungen werden für den Aufbau von Gehirn und Nervenzellmembranen in kleinen Mengen benötigt. Sie machen diese elastischer. Gute Lieferanten dieser „Schmiermittel" sind fette Seefische, Linsen, Öle und Nüsse. Insbesondere sind sie in Raps-, Erdnuss-, Maiskeim-, Distel-, Traubenkern- und Sojaöl sowie in Walnüssen enthalten.

• **Mineralstoffe und Vitamine – die „Stoffwechseltrainer"**

Eine ausreichende und konstante Sauerstoffzufuhr ist für eine optimale Gehirnfunktion von besonderer Wichtigkeit. Denn im Gehirn gibt es so gut wie keine Reserven an Sauerstoff.
Eisen ist notwendig für den Sauerstofftransport. Ist nicht genug Eisen vorhanden, so kommt es zu Konzentrations-, Lern- und Merkstörungen sowie zu rascher Ermüdung.
Reich an Eisen sind neben Fleisch auch Hafer, Hirse, Quinoa, Amaranth, Brokkoli u. a. Gemüsesorten.
Eisen kann aus tierischen Lebensmitteln besser aufgenommen werden als aus pflanzlichen. Gleichzeitige Zufuhr von Vitamin C erhöht die Eisenaufnahme aus pflanzlichen Nahrungsmitteln.

Vitamin B1, B6 und B12 werden als Nervenvitamine bezeichnet, da sie eine besondere Bedeutung im Energie- und Eiweißstoffwechsel des Nervensystems haben.
Neben Vollkornprodukten, Hülsenfrüchten und Fleisch liefern auch Käse, Fisch und Eier diese B-Vitamine.

# WENN KINDER SELBER KOCHEN ...



## ... steigt die Akzeptanz.

Selbstgekochtes und Selbstgebackenes, wie z. B. ☞ „Omas Butterkuchen“ (Seite 124), wird nicht nur stolz präsentiert, sondern auch viel lieber verspeist als vorgesetzte Gerichte. Es ist also ein erprobtes Mittel, Kinder mitkochen oder selber kochen zu lassen, um die Akzeptanz zu erhöhen.

## ... ist Folgendes zu beachten:

Einige unserer Rezepte tragen das Merkmal *„für Kinderköche geeignet“*. Manchmal lassen sich auch bei anderen Rezepten Kinderhände bei der Herstellung einsetzen. Dabei sind jedoch folgende Punkte zu beachten:

### Ausrüstung

Achten Sie auf Küchenschürzen in der entsprechenden Größe. Weiters sollten die verwendeten Geräte immer dem Alter des Kindes entsprechen. Während kleine (und manchmal auch noch größere) Kinder Kräuter gerne mit der Schere schneiden, betätigen sich die älteren gerne auch mit einem Wiegemesser.

### Sicherheit

Sorgen Sie für ausreichende Sicherheit in der Küche. Informieren Sie Ihr Kind, achten Sie auf Einhaltung der Reglen und rüsten Sie sich trotzdem für den Ernstfall. Immer sollten Heftpflaster, Schere und Verbandsmaterial griffbereit in einer Küche vorhanden sein.
Für Brandwunden sollten Brandsalbe und spezielle Wundauflagen in jedem Haushalt rasch zu finden sein.
Sollte sich der Feuerlöscher am anderen Ende der Wohnung oder des Hauses befinden, so empfiehlt es sich, eine Brandschutzdecke, mit der Stichflammen am Herd erstickt werden können, in der Nähe zu haben.

### Reinigung

Manchmal ist der Reinigungsaufwand höher, wenn Kinder beim Kochen mithelfen. Aber es gehört auch zum Kochenlernen, dass einzelne Handgriffe des Zusammenräumens gelernt werden. Fordern, aber überfordern Sie Ihr Kind nicht!

## ... strahlen Kinderaugen!

Die Begeisterung beim Backen von Kuchen, Zubereiten von Aufstrichen und Selbstbelegen von Broten oder der ☞ „Pikanten Tarte“ (Seite 112) kennt bei manchen Kindern keine Grenzen.
Wertschätzen Sie diese Hinwendung durch einen festlich gedeckten Tisch, ein Kompliment für die kleinen Küchenchefs oder eine Einladung an deren Freunde.
Wir wünschen Ihnen und den Jungköchinnen und -köchen viel Spaß beim Ausprobieren der folgenden Rezepte!

# PAUSENBROTE IN 21 VARIANTEN

## Thunfischbrot mit Ei

*Menge für 1 Portion für unterwegs*

| | |
|---|---|
| 1 | **Scheibe Roggen- oder Dachsteinbrot** |
| 1 | **Blatt Salat** |
| 35 g | **Thunfisch,** naturell |
| 3 | **Scheiben (Salat)gurke** |
| 1 | **Ei,** hart gekocht |

Belegen Sie die Hälfte des Brotes mit dem gut gewaschenen Salatblatt, den zerteilten Thunfischstücken und den Gurkenscheiben. Klappen Sie dann die andere Hälfte darüber. Schneiden Sie das hart gekochte, geschälte Ei entweder in Scheiben oder lassen Sie es ganz und geben Sie es in einem eigenen Behälter mit.

*Erfahrungsgemäß ist es für viele Kinder einfacher, vom ganzen Ei abzubeißen.*

Dazu passt stilles Mineralwasser oder ein pikanter Joghurtdrink mit Salz und stillem Mineralwasser. Auch verdünnter Tomatensaft schmeckt gut dazu. Stellen Sie als Nachtisch ein Fruchtjoghurt mit Löffel bereit.

## Dachsteinbrot mit Eiaufstrich

*Menge für 1 Portion*

| | |
|---|---|
| 1 | **Scheibe Dachsteinbrot** (oder Kastenbrot) |
| 2 EL | **Eiaufstrich** |
| | **etwas Kresse** (evtl.) |

Bestreichen Sie die dreieckige Brotscheibe mit 3 EL Eiaufstrich auf Topfenbasis (Quarkbasis, Rezept siehe Seite 52)

Dekorieren Sie eventuell mit Kresse, denn ihr scharfer Geschmack harmoniert gut mit Eiergerichten.

### Variation

Als Alternative können Sie mit Schnittlauch dekorieren.

*Vielen Kindern macht es Spaß, das Brot mit Kräutern zu belegen, wenn sie diese selber mit einer Küchenschere schneiden dürfen.*

## NOTIZEN

## Wachauer-Weckerl mit Leberstreichwurst

*Menge für 1 Portion*
*für unterwegs*

| | |
|---|---|
| 1 | **Wachauer-Weckerl (-Brötchen)** |
| 2 TL | **Leberstreichwurst** |
| 1/2 TL | **Ketchup** |
| 1 | **Essiggurkerl (Gewürzgurke)** |

Schneiden Sie das Wachauer-Weckerl in die Hälfte und bestreichen Sie beide Hälften mit Leberstreichwurst und darüber mit Ketchup. Schneiden Sie anschließend das Essiggurkerl (die Gewürzgurke) der Länge nach in Streifen und legen Sie sie auf eine Hälfte. Klappen Sie nun beide Teile zusammen.

Servieren Sie dazu ein Glas Milch. Oder geben Sie ein Packerl Milch, Vanillemilch oder Kakao in die Schule mit.

### Variation

Anstatt eines Essiggurkerls (der Gewürzgurke) können Sie auch 4 Scheiben Salatgurke oder Paradeiser (Tomate) nehmen.

***Leberstreichwurst sollte maximal einmal alle 3 Wochen auf dem Speiseplan Ihres Kindes stehen. Sie kann viele Schadstoffe, aber auch große Mengen Vitamin A enthalten.***

## Kornspitz mit Cottage Cheese

*Menge für 1 Portion*

| | |
|---|---|
| 1 | **Kornspitz (längliches Brötchen)** |
| 3 EL | **Cottage Cheese (Hüttenkäse)** |
| 1 | **Apfel,** mittelgroß |
| | **etwas Zitronensaft** (evtl.) |

Halbieren Sie den Kornspitz der Länge nach und verteilen Sie die Menge Cottage Cheese (Hüttenkäse) darauf. Raspeln Sie den Apfel und beträufeln Sie ihn mit Zitronensaft. Geben Sie ihn in ein gut verschließbares Gefäß, aus dem die Apfelrohkost später mit dem Löffel gegessen werden kann. Den Löffel nicht vergessen!

Dazu passt kalter Hagebuttentee mit naturtrübem Apfelsaft gemischt.

### Variation

Sie können statt des Apfels auch eine Birne oder 2 kleine Nektarinen verwenden.

***Tipp – Kornspitz:***
*Wenn es schnell gehen soll, kann das Obst auch in Stücke geschnitten mitgegeben werden. Apfel in Spalten wird jedoch rasch braun, da der Kontakt mit dem Sauerstoff ein Umfärben an den Schnittstellen bewirkt. Ein Trick besteht darin, vom Apfel seitlich des Kerngehäuses zwei große Apfelbacken abzuschneiden und zusammengeklappt in die Gemüsebox zu legen. Den mittleren Teil des Apfels können Sie selber genießen.*

## NOTIZEN

## Rosinenweckerl (-brötchen) mit Biss

*Menge für 1 Portion*
*für unterwegs*

| | |
|---|---|
| 1 | **Rosinenweckerl (-brötchen)** |
| 1 EL | **Topfen (Quark),** mager |
| 1 TL | **Erdbeermarmelade (-konfitüre)** |
| 1 TL | **Mandelblättchen** |

Schneiden Sie das Rosinenweckerl (Milchbrötchen) der Länge nach in die Hälfte. Vermengen Sie den Topfen (Quark) und die Erdbeermarmelade (-konfitüre) miteinander und streichen Sie die Masse auf eine Hälfte. Bestreuen Sie diese mit den Mandelblättchen und legen Sie die zweite Hälfte darauf.

Dazu passt entweder Trinkjoghurt mit Erdbeergeschmack, frische Erdbeermilch oder Milch ( Strohhalm nicht vergessen!) und eine Portion frische Erdbeeren in der Obstbox.

### Variation

Statt des Rosinenweckerls können Sie auch 2 Scheiben Milchbrot nehmen. Schmeckt auch gut mit Zimt, Zwetschken- (Pflaumen-) oder Marillenmarmelade (Aprikosenkonfitüre).

## Knäckebrot mit Frischkäse und Birne

*Menge für 1 Portion*
*für unterwegs*

| | |
|---|---|
| 2 | **Scheiben (Vollkorn)knäckebrot** |
| 1 EL | **Frischkäse,** natur oder Kräuter |
| 1 | **Birne,** mittelgroß |

Bestreichen Sie beide Knäckebrote vorsichtig mit der Sorte Frischkäse, die Ihr Kind gerne mag, und legen Sie sie zusammen.
Verpacken Sie das gefüllte Knäckebrot bruchsicher in einer Plastikbox. Die in Spalten geschnittene Birne lässt sich gut in einem verschließbaren Gefäß transportieren und entweder nachträglich zwischen die Brote legen oder einfach dazuessen.

Apfelschalentee mit Birnensaft oder verdünnter naturtrüber Apfelsaft passen gut dazu.

*Das Knäckebrot wird langsam weich, was von Kindern unterschiedlich gern gemocht wird. Sie können eventuell auch ein (Vollkorn)kastenbrot stattdessen verwenden.*

## NOTIZEN

# Laugenstangerl

*Menge für 1 Portion für unterwegs*

| | |
|---|---|
| 1 | **Laugenstangerl (längliches Brötchen,** mit Mohn, Sesam oder Salz) |
| 1 TL | **Butter** (oder Margarine) |
| 1/2 | **Paprika,** mittelgroß |

Schneiden Sie das Stangerl der Länge nach durch. Bestreichen Sie es mit Butter (oder Margarine). Schneiden Sie den Paprika in Streifen und bieten Sie ihn zum Dazuessen an.
Je nach Geschmack des Kindes können Sie süßlich milden, roten oder gelben bzw. etwas herberen, grünen Paprika in der Gemüsebox mitgeben. Eine bunte Mischung ist besonders ansprechend.

Reichen Sie unseren ☞ „Joghurt-Vitamin-Drink" oder eine kleine Packung Vanillemilch dazu.

## Variation

In die Gemüsebox passen ebenfalls Cocktailtomaten, Gurken- oder Kohlrabistücke. Auch eine Portion Karottensalat mit Zitronenmarinade ist dazu sehr beliebt.

# Kürbiskernweckerl mit Schinken

*Menge für 1 Portion für unterwegs*

| | |
|---|---|
| 1 | **Kürbiskernweckerl (-brötchen)** |
| 1 TL | **Butter** (oder Margarine) |
| 30 g | **Putenschinken** |
| 1/4 | **(Salat)gurke,** mittelgroß |

Halbieren Sie zuerst das ☞ Kürbisweckerl (Kürbisbrötchen) der Länge nach. Bestreichen Sie es mit Butter (oder Margarine) und legen Sie dann den Putenschinken darauf. Die Gurke können Sie in Scheiben schneiden und auf den Schinken legen oder in Stücke schneiden und zum Dazuknabbern in der Gemüsebox mitgeben.

Dazu passt mit Wasser verdünnter Orangensaft, Joghurt (mit Löffel!) und evtl. frisches Gemüse (z. B. Radieschen) in der Gemüsebox.

## Variation

Statt einer frischen Gurke können Sie auch ein Essiggurkerl (eine Gewürzgurke) verwenden. Legen Sie dieses jedoch zwischen Butter und Schinken auf das Weckerl (Brötchen), damit das Brot nicht zu weich wird.

**Tipp – Kürbiskernweckerl :**
*Damit das Weckerl (Brötchen) beim Abbeißen nicht verrutscht, sollte es so in Frischhaltefolie gewickelt werden, dass sich die Folie während des Essens schrittweise entfernen lässt.*

## NOTIZEN

## Rohkostbrot

*Menge für 1 bis 2 Portionen*
*für unterwegs*

- 2 **Scheiben Vollkornbrot** (Kastenform)
- 1 TL **Butter** (oder Margarine)
- 8 **Scheiben (Salat)gurke**
- 3 **Scheiben Paradeiser (Tomaten)**
- **etwas Salz** (evtl.)
- **Kräuter der Saison,** gehackt (evtl.)

Bestreichen Sie beide Scheiben Vollkornbrot mit etwas Butter (oder Margarine). Belegen Sie eine davon zuerst mit 4 Scheiben Gurke, dann mit den Tomatenscheiben und danach nochmals mit Gurke. Geben Sie eventuell eine Prise Salz und Kräuter (Basilikum, Schnittlauch) darüber.
Legen Sie die zweite Brotscheibe darauf und schneiden Sie das Brot vorsichtig diagonal in zwei Teile.

Probieren Sie dazu als Getränk Roibushtee mit Orangensaft (1:1) oder ein Trinkjoghurt Marille (Aprikose).

### Variation

Sie können statt der Paradeiser (Tomaten) auch Radieschen oder einen halben roten Paprika wählen.

## Schnittlauchbrot

*Menge für 1 Portion*
*für unterwegs*

- 1 **Scheibe Roggenmischbrot**
- 1 TL **Butter** (oder Margarine)
- 2 EL **Schnittlauch,** fein geschnitten

Bestreichen Sie die Brotscheibe mit Butter und streuen Sie den gewaschenen und fein geschnittenen Schnittlauch darauf. Drücken Sie den Schnittlauch mit dem flach gehaltenen Messer etwas fest. Halbieren Sie das Brot und klappen Sie es zusammen.

Dazu passt ein Becher frischer Milch oder eine kleine Milchpackung mit Strohhalm. Gemüse aus der Gemüsebox (z. B. Kohlrabispalten, Cocktailtomaten, Radieschen, Karottenstifte oder Paprikastreifen) ist eine köstliche Ergänzung.

### Variation

Sie können statt Butter auch Frischkäse oder Topfen (Quark) verwenden. Bestreuen Sie je nach Geschmack Ihres Kindes mit anderen frischen Kräutern, z. B. mit selbst gezogener Kresse, Basilikum oder Petersilie.

> ***Tiefgekühlte Kräuter sind nicht besonders gut als Brotauflage geeignet, da sie an Geschmack verlieren.***

*Tipp – Rohkostbrot:*
*Dieses Brot ist für kleinere Schulkinder etwas schwierig zu essen, da es leicht verrutscht, aber es ist im Sommer sehr erfrischend.*

*Eventuell können Sie das Brot so in Frischhaltefolie wickeln, dass es sich stückweise auspacken und essen lässt.*

## NOTIZEN

## Pizzabrot

*Menge für 1 bis 2 Portionen*
*für unterwegs*

| | |
|---|---|
| 2 | **Scheiben Vollkornbrot** (Kastenform) |
| 1 | **Scheibe Schmelzkäse** |
| 1 | **Scheibe Schinken** nach Wahl |
| 1/2 | **Paprika,** rot, mittelgroß |
| 1 TL | **Sauerrahm (Saure Sahne)** |
| | **etwas Oregano oder Pizzagewürz** |

Schneiden Sie den Schmelzkäse, den Schinken und die Paprikaschote feinwürfelig. Verrühren Sie den Sauerrahm (die Saure Sahne) mit dem Oregano bzw. dem Pizzagewürz und vermengen Sie alles miteinander.
Bestreichen Sie eine Scheibe Vollkornbrot mit der Masse, legen Sie die zweite Scheibe obenauf und schneiden Sie das Brot diagonal in zwei Dreiecke.

Als Getränk bringt kalter Ringelblumentee mit einem Schuss weißem Traubensaft Abwechslung. Sie können stattdessen auch Mineralwasser und eine Portion Obst anbieten.

### Variation

Füllen Sie die Masse in ein gut verschließbares Gefäß und geben Sie das Vollkornbrot extra mit. So kann Ihr Kind den Pizza-Aufstrich mit dem Löffel dazuessen. Den Löffel nicht vergessen!

## Fladenbrot

*Menge für 1 Portion*
*etwas Besonderes*
*aufwändiger*

| | |
|---|---|
| 1/4 | **türkisches Fladenbrot** |
| 1 | **Blatt Eisbergsalat** |
| 2 | **Cocktailtomaten** |
| 2 | **Scheiben Putenschinken** |
| 1 EL | **Joghurt,** natur, 3,6 % |
| 1 TL | **Kräuter der Saison,** gehackt |
| | **etwas Salz** |
| | **etwas Paprikapulver** |

Schneiden Sie ein Viertel eines türkischen Fladenbrotes bis zur Hälfte ein und drücken Sie die Krume etwas zusammen. Waschen Sie das Blatt Eisbergsalat und schneiden Sie es in feine Streifen. Waschen und halbieren Sie nun die Cocktailtomaten und schneiden Sie den Putenschinken in schmale Streifen.
Verrühren Sie das Joghurt mit den Kräutern und Gewürzen. Vermengen Sie alle Zutaten miteinander und füllen Sie die Masse in (oder auf) das Fladenbrot.

Dazu passt mit Wasser verdünnter Tomatensaft.

### Variation

Verwenden Sie statt des türkischen Fladenbrotes ein kleines Ciabatta (italienisches Gebäck) oder eine Semmel (ein Brötchen).

## NOTIZEN

## Sandwich Hawaii

*Menge für 1 Portion*
*für unterwegs*
*aufwändiger*

- 2 **Scheiben (Vollkorn)toast** (oder 1 Scheibe „American Sandwich")
- 1 **Scheibe Schinken** nach Wahl
- 2 **Scheiben Gouda** (oder Edamer)
- 1 **Scheibe Ananas,** frisch (oder aus der Dose, gut abgetropft)
- 1 **Blatt Eisbergsalat** (evtl.)

Belegen Sie ein Stück (Vollkorn)toast schichtweise mit dem Schinken, mit einer Scheibe Käse, mit der Scheibe Ananas und mit der zweiten Käsescheibe. Eventuell mag Ihr Kind darauf noch ein gut gewaschenes Blatt Eisbergsalat.
Legen Sie die zweite Toastscheibe darauf und schneiden Sie alles diagonal durch.

Mit Wasser verdünnter Ananassaft ist ein dazupassender Durstlöscher.

## Brot „Grande Reserve"

*Menge für 1 bis 2 Portionen*
*für unterwegs*

- 4 Stk. **Trockenbrot**
- 1 TL **Butter** (oder Margarine)
- 2 TL **Marmelade (Konfitüre)** nach Wahl

Bestreichen Sie 2 Stück Trockenbrot (z. B. Zwieback, Maisbrot, Reisscheiben, Finn-Brot oder Knäckebrot) vorsichtig mit weicher Butter (oder Margarine) und der gewählten Sorte Marmelade. Legen Sie die anderen Scheiben darauf. Verpacken Sie die Trockenbrote in einer Papierserviette bruchsicher in einem Behälter.

Dazu schmecken Fruchtjoghurt, Obststücke und kalter Kräutertee gut.

### Variation

Ein Variante dazu sind geviertelte und tiefgefrorene Vollkornweckerln (Vollkornbrötchen). Sie können eine beliebige Menge davon, noch tiefgefroren in Alufolie wickeln und als Pausenbrot zu Löffelaufstrichen (Aufstriche aus unseren Rezeptbüchern), Gemüsestücken und dem Getränk mitgeben. Im Winter empfiehlt es sich, die Weckerlstücke aufzutauen, bevor sie in die Schule mitgegeben werden.

*__Tipp – Brot „Grande Reserve“:__*
*Trockenbrot ist ein Notnagel, der hält, wenn alle anderen Brotreserven überraschend ausgegangen sind. Allerdings bröseln Trockenbrote beim Essen sehr leicht und sind bei manchen Kindern daher weniger beliebt. Wer diese Brote besonders kross mag, sollte Marmelade (Konfitüre) bzw. Aufstriche und Brote getrennt verpackt mitnehmen, da die Trockenbrote sonst weich werden.*

## NOTIZEN

## Käse-Kohlrabi-Brot

*Menge für 1 Portion*
*für unterwegs*

| | |
|---|---|
| 1 | **Scheibe Mischbrot** (oder Roggenbrot) |
| 1 TL | **Butter** (oder Margarine) |
| 1/2 | **Kohlrabi,** mittelgroß, geschält |
| 2 | **Scheiben Käse** nach Wahl |

Bestreichen Sie eine halbe Scheibe Mischbrot mit Butter. Raspeln Sie den Kohlrabi grob, verteilen Sie ihn auf dem Brot und geben Sie den Käse (Bergbaron, Almkäse, Emmentaler) darüber. Legen Sie die zweite Brothälfte darauf.

Bieten Sie dazu unseren ☞ „Pfefferminz-Apfelsaft" und Obst, z. B. ☞ „Apfelbacken" (Seite 33), an.

### Variation

Sie können natürlich auch ein Brot mit Camembert oder mit geräuchertem Ziegenkäse belegen, wenn Ihr Kind gerne gehaltvollere Käsesorten isst. Den Kohlrabi in Spalten vorbereitet in der Gemüsebox zum Dazuknabbern mitgeben!

## Brot am Spieß

*Menge für 1 bis 2 Portionen*
*für unterwegs*
*aufwändiger*

| | |
|---|---|
| 2 | **Scheiben Vollkornbrot** (Kastenform) |
| 2 EL | **Frischkäse,** natur oder Kräuter |
| 2 | **Radieschen** |
| 1/2 | **Paprika,** grün, mittelgroß |
| | |
| 2 | **Holzspieße** |

Bestreichen Sie das Vollkornbrot mit dem Frischkäse, klappen Sie die Brote zusammen und schneiden Sie sie in 4 Stücke. Halbieren Sie die Radieschen und vierteln Sie die halbe Paprikaschote. Stecken Sie anschließend abwechselnd 1 Stück Brot, 1 Stück Radieschen sowie 1 Stück Paprika auf den Spieß.

Geben Sie dazu eventuell ein Trinkjoghurt Banane samt Strohhalm mit.

***Tipp – Brot am Spieß:***
*Wenn Sie (aus Sicherheitsgründen) keine Spießchen verwenden möchten, bereiten Sie die einzelnen Teile wie oben vor, schneiden die Radieschen allerdings in dickere Scheiben. Legen Sie dann alle Zutaten auf einer Frischhaltefolie – ähnlich dem Brot am Spieß – übereinander und wickeln Sie alles fest mit der Folie zusammen.*
*Dadurch ergibt sich ein Stapelbrot, das durch seine ungewöhnliche Art attraktiver wirkt.*

## NOTIZEN

## Mohnweckerl mit Cocktailtomaten

*Menge für 1 Portion*
*für unterwegs*

| | |
|---|---|
| 1 | **Mohnweckerl (Mohnbrötchen)** |
| 1 TL | **Butter** (oder Margarine) |
| 30 g | **Krakauer (Schinkenwurst)** |
| 100 g | **Cocktailtomaten** |

Bestreichen Sie das halbierte Mohnweckerl (Mohnbrötchen) mit Butter (oder Margarine) und belegen Sie es mit der Schinkenwurst.
Zum Mitgeben in der Gemüsebox eignen sich am besten Cocktailtomaten oder längliche Paradeiser.

Bieten Sie dazu eine kleine Packung Kakao oder Vanillemilch an.

## Schul-Burger

*Menge für 1 Portion*
*etwas Besonderes*

| | |
|---|---|
| 1 | **Grahamweckerl (-brötchen)** |
| 1/2 | **Paprika,** rot, mittelgroß |
| 1 EL | **Topfen (Quark),** mager |
| 1/4 | **(Salat)gurke,** mittelgroß |
| 1 | **Scheibe Edamer** |
| | **etwas Salz** |

Putzen, waschen und schneiden Sie die halbe Paprikaschote sehr kleinwürfelig. Verrühren Sie die Paprikawürfel mit dem Topfen (Quark) und würzen Sie mit einer Prise Salz. Die Gurke waschen und in dünne Scheiben schneiden. Schneiden Sie nun das Grahamweckerl (-brötchen) in die Hälfte und bestreichen Sie einen Teil mit der Topfenmasse. Die andere Hälfte wird mit dem Edamer und den Gurkenscheiben belegt. Klappen Sie das Weckerl zusammen und fertig ist der „Schul-Burger"!

Als Getränk eignet sich dazu Mineralwasser oder eine Fruchtsaft-Wasser-Mischung (z.B. gespritzter Pfirsichsaft).

### Variation

Natürlich können Sie auch die üblichere Variante mit einem dünnen Fleischlaibchen (einer Frikadelle), einem Salatblatt, mit einem Gurkerl (einer Gewürzgurke) oder einer Paradeiserscheibe, einer Scheibe Käse und Ketchup zusammenstellen.

## NOTIZEN

## Birnen-Schoko-Brot

*Menge für 1 bis 2 Portionen für unterwegs*

| | |
|---|---|
| 2 | **Scheiben Vollkornbrot** (Kastenform) |
| 1 TL | **Nussnougatcreme** |
| 1/2 | **Birne,** mittelgroß |

Bestreichen Sie beide Scheiben Vollkornbrot mit der Nussnougatcreme, schneiden Sie die Birne in dünne Spalten und verteilen Sie sie auf einem Brot. Klappen Sie das andere Brot darüber und schneiden Sie das Birnen-Schoko-Brot diagonal in zwei Hälften.

Am besten wickeln Sie das fertige Brot zum Transport fest in eine Frischhaltefolie.

Die andere Birnenhälfte können Sie zum Knabbern mitgeben. Als Getränk bieten sich Buttermilch, Acidophilusmilch oder verdünnter Birnensaft an.

## Bananenbrot

*Menge für 1 bis 2 Portionen für unterwegs*

| | |
|---|---|
| 2 | **Scheiben (Vollkorn)brot** |
| 1 TL | **Butter** (oder Margarine) |
| 1/2 | **Banane,** groß |
| | **etwas Zitronensaft** |

Bestreichen Sie beide Scheiben Vollkornbrot mit etwas Butter oder Margarine. Legen Sie auf eine Hälfte die in Scheiben geschnittene, halbe Banane und bestreichen Sie diese dünn mit etwas Zitronensaft. Dann geben Sie das zweite Vollkornbrot darüber und schneiden Sie das Bananenbrot diagonal in zwei Hälften.

Bieten Sie dazu 1/4 l Joghurt, natur 1 % oder 1/4 l Milch an. Löffel oder Strohhalm nicht vergessen!

### Variation

Wenn Sie bei der Zubereitung von mehreren Bananenbroten statt der zweiten Scheibe Vollkornbrot je eine Hälfte Grahamweckerl (Grahambrötchen) verwenden, so entsteht eine Zwei-Brot-Variante.

## NOTIZEN

# Kääääås-Burger

*Menge für 1 Portion*
*für unterwegs*

| | |
|---|---|
| 1 | **Burgerweckerl (-brötchen)** oder 1 Semmel |
| 2 TL | **Ketchup** |
| 1 | **Essiggurkerl (Gewürzgurke),** klein |
| 2 | **Scheiben Gouda** (oder Edamer) |
| 2 | **Scheiben Paradeiser (Tomaten)** |

Schneiden Sie das Weckerl (Brötchen) in zwei Hälften und bestreichen Sie diese mit Ketchup. Schneiden Sie das Essiggurkerl (die Gewürzgurke) der Länge nach in Scheiben.
Legen Sie nun auf eine Hälfte eine Scheibe Käse, die Paradeiserscheiben (Tomatenscheiben), die Gurkerlscheiben und obenauf die andere Scheibe Käse.
Klappen Sie die zweite Hälfte des Weckerls (Brötchens) darüber.

Probieren Sie dazu verdünnten Traubensaft, unseren frischen ☞ Apfel-Orangen-Saft (☞ „Pfiffige Rezepte …" Seite 174) oder Blutorangensaft.

# NOTIZEN

# ALLERLEI AUFSTRICHE

## Topfenaufstrich – Basis (Quarkaufstrich)

*Menge für 1 kleine Schüssel*

| | |
|---|---|
| 125 g | **Topfen (Quark),** mager |
| 1 EL | **Rapsöl** |
| 1/2 | **Knoblauchzehe,** zerdrückt |
| | **etwas Salz** |
| | **etwas Paprikapulver** |

Vermengen Sie alle Zutaten gut miteinander. Diese Basis können Sie für nachfolgende Aufstrichvarianten verwenden oder für eigene Kreationen nutzen.

### Variation

Eine attraktive grüne Farbe erhält der Aufstrich, wenn Sie anstelle von Rapsöl Kürbiskernöl (eine steirische Spezialität) verwenden.
Nachfolgend finden Sie einige weitere Beispiele für Aufstrichvariationen auf Topfenbasis (Quarkbasis).

***Tipp: So sparen Sie Kalorien!***
*Fettärmer wird diese Aufstrichbasis, wenn Sie den Topfen (Quark) mit 3 EL Mineralwasser verrühren und nur 1 TL Rapsöl zugeben. Letzteres ist wichtig für die Zufuhr von Omega-3-Fettsäuren, die Gehirn und Nerven unterstützen.*

## Paprikaaufstrich

*Menge für 1 kleine Schüssel*

| | |
|---|---|
| | **Topfenaufstrich (Quarkaufstrich)** |
| 1 EL | **Paprikapulver,** mild |

Vermengen Sie die nebenstehende Aufstrichbasis mit dem Paprikapulver.

### Variation

Fügen Sie noch 1 TL klein gehackte Kapern oder ein Essiggurkerl (eine Gewürzgurken) dazu, wenn Ihr Kind diese gerne isst.

Eine andere Variation erhalten Sie, wenn Sie noch eine kleinwürfelig geschnittene Paprikaschote beimengen.

*Aufstriche sind eine prima Alternative zum gängigen Wurst- bzw. Käsebrot. Sie eignen sich nicht nur für die Schule, sondern auch hervorragend als Abendessen oder als Dip zu Rohkost.*
*In Aufstrichen lassen sich für Essmuffel auch Gemüse und Obst geschickt verstecken.*

## NOTIZEN

## Schinken-Kren-Aufstrich

*Menge für 1 kleine Schüssel*

| | |
|---|---|
| | **Topfenaufstrich (Quarkaufstrich, Seite 52)** |
| 50 g | **Schinken** nach Wahl |
| 1 TL | **Kren (Meerrettich),** frisch gerieben |
| 1 TL | **Petersilie,** gehackt |

Schneiden Sie den Schinken kleinwürfelig, vermengen Sie diesen mit der Aufstrichbasis (Seite 52) und den frischen Gewürzen.

Sie können auch Oberskren (Meerrettich mit Sahne) aus dem Glas verwenden.

## Kräuteraufstrich

*Menge für 1 kleine Schüssel*

| | |
|---|---|
| | **Topfenaufstrich (Quarkaufstrich, Seite 52)** |
| 2 EL | **Schnittlauch,** geschnitten |
| 2 EL | **Petersilie,** gehackt |

Vermengen Sie die zerkleinerten Kräuter mit der Aufstrichbasis (Seite 52).

### Variation

Lassen Sie Ihrer Fantasie bei der Wahl der Kräuter freien Lauf. Mischen Sie je nach Saison Basilikum, Zitronenmelisse oder Dille dazu.

## NOTIZEN

# Topfen-Ei-Aufstrich (Quark-Ei-Aufstrich)

*Menge für 1 kleine Schüssel*

| | |
|---|---|
| | **Topfenaufstrich (Quarkaufstrich, Seite 52)** |
| 2 | **Eier,** hart gekocht |

Schälen Sie die hart gekochten und mit kaltem Wasser abgeschreckten Eier und hacken Sie sie klein. Vermengen Sie die Eier anschließend mit der Aufstrichbasis (Seite 52).

## Variation

Wenn Ihr Kind Kräuter mag, können Sie noch gehackte Petersilie und geschnittenen Schnittlauch hinzufügen bzw. klein gehackte Essiggurkerln (Gewürzgurken) untermengen.

# Thunfischaufstrich

*Menge für 1 kleine Schüssel*

| | |
|---|---|
| | **Topfenaufstrich (Quarkaufstrich, Seite 52)** |
| 65 g | **Thunfisch,** naturell |

Gießen Sie die Salzlake aus der Dose und vermengen Sie die halbe bzw. kleine Dose Thunfisch mit der Aufstrichbasis (Seite 52) – eventuell ohne Knoblauch.

## Variation

Geben Sie noch 1/2 kleinwürfelig geschnittene, grüne Paprikaschote oder 1/4 kleinwürfelig geschnittene (Salat)gurke dazu.
Sie können stattdessen auch zu einer Thunfischdose mit Gemüsesauce greifen und diese samt Sauce mit Frischkäse und Gewürzen verrühren. Das ist aber eine etwas fettreichere Variante.

*Thunfisch sollte nicht öfter als alle 14 Tage einmal auf dem Speiseplan stehen, da er zu den stärker mit Schwermetallen belasteten Fischen zählt.*
*Schwangere, Stillende und Babys sollten ihn daher nicht essen.*

## NOTIZEN

## Exotischer Aufstrich

*Menge für 1 kleine Schüssel*
*etwas Besonderes*

| | |
|---|---|
| | **Topfenaufstrich (Quarkaufstrich)** |
| 1/2 | **Apfel,** mittelgroß, fein geraspelt |
| 1/4 | **Banane,** groß, zerdrückt |
| 1 TL | **Zitronensaft** |
| 1 TL | **Curry** |
| 1 TL | **Mandelblättchen,** fein gehackt |

Raspeln Sie den halben Apfel fein. Zerdrücken Sie die Banane und vermengen Sie beides samt den restlichen Zutaten gut mit einer Aufstrichbasis gleich der von Seite 52, aber ohne Knoblauch!

Diesen Aufstrich sollten Sie relativ bald verbrauchen, da sich das Obst mit der Zeit braun verfärbt.

### Variation

Statt Banane zu verwenden, können Sie auch einige Mandarinenspalten klein schneiden und unter den Aufstrich mengen.
Auch getrocknete Marillen (Aprikosen) oder gehackte Rosinen können hier beigemengt werden.
Probieren Sie auch einmal Kokosflocken statt der Mandelsplitter.

## Marillenaufstrich

*Menge für 1 kleine Schüssel*

| | |
|---|---|
| 120 g | **Marillen (Aprikosen),** getrocknet, ungeschwefelt |
| 60 ml | **Orangensaft** |
| 1 TL | **Zitronensaft** |

Gießen Sie Orangensaft in ein verschließbares Gefäß und lassen Sie die Marillen (Aprikosen) über Nacht darin im Kühlschrank einweichen.

Fügen Sie den Zitronensaft hinzu und pürieren Sie die Marillen danach mit einem Pürierstab oder mit dem Mixaufsatz der Küchenmaschine auf höchster Stufe. Sollte der Aufstrich von der Konsistenz her zu dick sein, geben Sie noch etwas Orangensaft dazu.

Den Aufstrich können Sie ca. 3 Tage im Kühlschrank aufbewahren.

### Variation

Diese Mischung schmeckt nicht nur auf dem Brot, sondern auch in Joghurt oder Sauermilch.

## NOTIZEN

## Getreideaufstrich – Basis

*Menge für 1 kleine Schüssel*

| | |
|---|---|
| 80 g | **Getreideschrot** |
| 150 ml | **Wasser** |
| 2 TL | **Sauerrahm (Saure Sahne)** |
| 2 TL | **Kräuter der Saison,** gehackt |
| | **etwas Salz** |
| | **etwas Muskat** (evtl.) |

Kochen Sie den Getreideschrot (z. B. Dinkel, Weizen, Gerste oder Roggen) unter Rühren in Wasser auf. Lassen Sie ihn unter ständigem Rühren zu einer breiigen Masse eindicken. 15 Minuten ohne Hitzezufuhr quellen lassen. Geben Sie die restlichen Zutaten dazu und vermengen Sie alles gut miteinander.

### Variation

Aus dieser Getreidebasis lassen sich viele schmackhafte Variationen zusammenstellen. Ihrer Fantasie sind dabei keinerlei Grenzen gesetzt. Nachfolgend finden Sie einige Beispiele.

*Die Konsistenz dieser Aufstrichbasis ist davon abhängig, wie fein der Getreideschrot gemahlen wurde. Geben Sie noch etwas Wasser oder etwas zusätzlichen Sauerrahm (Saure Sahne) unter die noch heiße Masse, falls diese zu fest geworden ist.*

## Ei-Getreide-Aufstrich

*Menge für 1 kleine Schüssel*

| | |
|---|---|
| | **Getreideaufstrich** |
| 2 | **Eier,** hart gekocht |

Hacken Sie die geschälten Eier sehr fein. Mengen Sie sie unter den nebenstehend beschriebenen Getreideaufstrich.

### Variation

Als Kräuter eignen sich 2 TL gehackte Kresse oder Schnittlauch gut für den Eiaufstrich.

Eventuell können Sie dem Aufstrich noch mit 1/2 TL Senf Würze verleihen.

## NOTIZEN

# Erdäpfel-Getreide-Aufstrich

*Menge für 1 kleine Schüssel*

| | |
|---|---|
| | **Getreideaufstrich (Seite 60)** |
| 2 | **Erdäpfel (Kartoffeln),** mittelgroß |
| 2 TL | **Schnittlauch,** gehackt |

Zerdrücken Sie die gekochten, geschälten Erdäpfel (Kartoffeln) mit einer Kartoffelpresse und mengen Sie diese samt Schnittlauch unter die Getreidebasis (Seite 60).

## Variation

Verwenden Sie als Kräuterzutaten für die Getreidebasis statt Schnittlauch geschnittene Jungzwiebeln bzw. etwas Muskat.

# Getreideaufstrich mit Schafkäse

*Menge für 1 kleine Schüssel*

| | |
|---|---|
| | **Getreideaufstrich (Seite 60)** |
| 100 g | **Feta (Schafkäse in Salzlake)** |
| 2 TL | **Oregano,** gehackt |

Nehmen Sie den Feta aus der Salzlake. Zerdrücken sie den griechischen oder türkischen Schafkäse gut mit einer Gabel und mischen Sie ihn samt Oregano unter die Getreidebasis.

Reichen Sie dazu blaue Trauben oder eine kleine Handvoll Nüsse.

## Variation

Gut geeignet als Kräuterzutaten für diese Variante ist auch gehacktes Basilikum.
Dieser Aufstrich lässt sich auch mit anderen würzigen Käsesorten zubereiten, wobei der fein geriebene Käse untergemengt wird.

## NOTIZEN

## Getreideaufstrich mit Gurke

*Menge für 1 kleine Schüssel*

| | |
|---|---|
| | **Getreideaufstrich (Seite 60)** |
| 1/8 | **(Salat)gurke,** mittelgroß |
| | **etwas Salz** |
| | **etwas Dille,** gehackt (evtl.) |

Raspeln Sie die Gurke sehr fein. Salzen Sie sie etwas ein und lassen Sie die Gurke ca. 30 Minuten stehen. Drücken Sie die Gurke gut aus und mengen Sie sie unter die Getreidebasis.
Als Gewürz für diesen Aufstrich eignet sich Dille ausgezeichnet.

### Variation

Der Aufstrich wird besonders schmackhaft, wenn statt der Gurke ca. 3 fein geraspelte Radieschen verwendet werden.
Mit fein geraspeltem Zucchini (Zucchetti) oder Zeller (Sellerie) können Sie eine weitere Geschmacksnote erzielen.
Oder probieren Sie, der Getreidebasis pürierten Paprika als Gemüsekomponente beizumengen.

## Getreideaufstrich mit Apfel und Zimt

*Menge für 1 kleine Schüssel*

| | |
|---|---|
| | **Getreideaufstrich (Seite 60)** |
| 1/2 | **Apfel,** mittelgroß |
| | **etwas Zimt** |

Waschen und putzen Sie den Apfel. Schneiden Sie eine Hälfte in Spalten und dünsten Sie sie in sehr wenig Wasser weich. Pürieren Sie den Apfel mit dem Mixstab oder dem Kartoffelstampfer.
Mengen Sie das Apfelmus gemeinsam mit dem Zimt unter die nur mit wenig Salz gewürzte Getreidebasis.

### Variation

Zitronenmelisse mit Birne oder Pfefferminze mit Schokostreusel sind eventuell auch bei Ihrem Kind beliebte Alternativen zu diesem fruchtigen Getreideaufstrich.

## NOTIZEN

# Karfiol-Erdäpfel-Aufstrich

*Menge für 1 kleine Schüssel*

| | |
|---|---|
| 100 g | **Karfiol (Blumenkohl)** |
| 2 | **Erdäpfel (Kartoffeln),** mittelgroß |
| | **etwas Salz** |
| | **etwas Muskat** |

Waschen und putzen Sie den Karfiol (Blumenkohl). Dünsten Sie ihn in wenig Wasser weich.
Kochen Sie die Erdäpfel (Kartoffeln) in der Schale und schälen Sie sie dann.

Anschließend den Karfiol mit einer Gabel zerdrücken, die Erdäpfel in einer Kartoffelpresse zerdrücken oder mit einer Küchenreibe fein reiben. Vermengen Sie beide Zutaten und schmecken Sie den Aufstrich mit Salz und Muskat ab.

Dieser Aufstrich eignet sich auch warm hervorragend als Püree (Beilage) oder als Dip zu Rohkost.

## Variation

Verfeinern Sie den Aufstrich noch mit 50 g geriebenem Käse nach Wahl.

# Paradeiser-Thunfisch-Aufstrich

*Menge für 1 kleine Schüssel*

| | |
|---|---|
| 1 | **Paradeiser (Tomate),** klein |
| 65 g | **Thunfisch,** naturell |
| 1 EL | **Ketchup** |
| 1 TL | **Oregano,** fein gehackt |
| | **etwas Salz** |

Wenn Sie Zeit haben, ritzen Sie die Paradeiser (Tomaten) am Strunk kreuzweise ein und geben Sie sie kurz in kochendes Wasser (blanchieren). Danach lässt sich die Haut leicht abziehen.
Anderenfalls waschen Sie einfach den Paradeiser und entfernen Sie den Strunk. Anschließend schneiden Sie den Paradeiser kleinwürfelig.

Vermengen Sie die Würfel mit den Thunfischstücken und den Gewürzen zu einer homogenen Masse. Am besten geschieht dies mit den Mixstäben eines Handrührgerätes.

## NOTIZEN

## Karotten-Zucchini-Aufstrich

*Menge für 1 kleine Schüssel*

| | |
|---|---|
| 1 | **Karotte,** mittelgroß |
| 1/2 | **Zucchini (Zucchetti),** klein |
| 62 g | **Topfen (Quark),** mager |
| 1 TL | **Mineralwasser** |
| | **etwas Salz** |
| | **etwas Pfeffer,** weiß, frisch gemahlen |
| | **etwas Paprikapulver,** mild |

Waschen, putzen, schälen und raspeln Sie die Karotten und die Zucchini (Zucchetti) sehr fein. Vermengen Sie anschließend alle Zutaten und Gewürze gut miteinander.

### Variation

Schneiden Sie noch 30 – 50 g würzigen Schinken kleinwürfelig und mengen Sie diesen unter den Aufstrich.

## Paradeisaufstrich (Tomatenaufstrich)

*Menge für 1 kleine Schüssel*

| | |
|---|---|
| 3 | **Paradeiser (Tomaten)** |
| 1 EL | **Olivenöl** |
| 1 TL | **Oregano,** getrocknet |
| 1/2 | **Knoblauchzehe,** zerdrückt |
| | **etwas Salz** |
| 1/4 | **Zwiebel,** fein gehackt (evtl.) |

Waschen Sie die möglichst gut gereiften Paradeiser (Tomaten), halbieren Sie sie und entfernen Sie den Strunk. Dann würfeln Sie die Paradeiser sehr klein und vermengen Sie sie mit den restlichen Zutaten.

### Variation

Überbacken Sie ein Brot mit Paradeisaufstrich und Käse kurz im Backrohr oder unter dem Grill.

*Der Paradeisaufstrich eignet sich auch gut anstelle von Butter als „Unterlage" für ein Käsebrot.*

## NOTIZEN

## Cottage-Cheese-Aufstrich mit Gemüse

*Menge für 1 kleine Schüssel*

| | |
|---|---|
| 100 g | **Cottage Cheese (Hüttenkäse),** leicht |
| 2 EL | **Topfen,** mager |
| 2 EL | **Erbsen,** frisch oder TK |
| 2 EL | **Mais,** frisch oder TK |
| 1 EL | **Petersilie,** gehackt |
| | **etwas Salz** |
| | **etwas Pfeffer,** weiß, gemahlen (evtl.) |

Dünsten Sie die Erbsen und eventuell den Mais in wenig Wasser. (Sie können auch Dosengemüse verwenden.)
Vermengen Sie danach alle Zutaten miteinander. Sie können diesem Aufstrich auch etwas „Pfeffer verleihen", wenn Sie dafür eine Vorliebe haben.

### Variation

Wenn Ihr Kind kein „sichtbares" Gemüse mag, pürieren Sie dieses vor dem Vermengen kurz.

## Cottage-Cheese-Aufstrich mit Himbeeren

*Menge für 1 kleine Schüssel*
*etwas Besonderes*

| | |
|---|---|
| 100 g | **Cottage Cheese (Hüttenkäse),** leicht |
| 100 g | **Himbeeren,** frisch oder TK |
| | **etwas Zucker** |

Lassen Sie die Himbeeren auftauen und gut abtropfen, falls Sie Tiefkühl-Himbeeren verwenden.
Vermengen Sie nun die Früchte mit dem Cottage Cheese und einer Prise Zucker.

Dieser Aufstrich eignet sich auch einfach nur zum Löffeln. In diesem Fall können Sie den Saft der Beeren unterrühren.

***Besonders „Wurst- und Käsebrot-Tiger" mögen diese süß-saure Kombination in der Regel gerne.***

## NOTIZEN

# ALLERLEI SALATE

## Nudelsalat mit Paradeisern und Mozzarella

*Menge für 2 Kinder und 2 Erwachsene*
*vorbereitbar*
*für unterwegs*

| | |
|---|---|
| 150 g | **(Vollkorn)nudeln** |
| 5 | **Paradeiser (Tomaten),** klein |
| 250 g | **Mozzarella** |
| 1 | **Bund Basilikum,** frisch |

| | |
|---|---|
| 1 EL | **Olivenöl** |
| 2 EL | **Zitronensaft** |
| 2 EL | **Wasser** |
| | **etwas Salz** |
| | **etwas Zucker** |

Kochen Sie die Vollkornnudeln bissfest. Waschen und putzen Sie die Paradeiser (Tomaten) und schneiden Sie sie in kleine Würfel.
Schneiden Sie den Mozzarella in Streifen. Waschen und putzen Sie die Basilikumblätter. 2/3 der Blätter fein hacken, das restliche Drittel zur Dekoration bereitlegen. Falls Sie kein frisches Basilikum zur Verfügung haben, können Sie auch 1 EL getrocknetes Basilikum verwenden.

Geben Sie alle Zutaten für die Marinade in einen gut verschließbaren Behälter und schütteln Sie alles gut durch, so vermischen sich Wasser, Zitronensaft und Öl besser.
Nun vermengen Sie alle Zutaten miteinander und geben das restliche Basilikum zur Dekoration auf den Salat.

### Variation

Besonders attraktiv wird dieser Salat mit kleinen Mozzarellabällchen und halbierten Cocktailtomaten.

*Viele Salate eignen sich nicht nur als Speisen für Feste oder zum Abendessen, sondern auch für eine Zwischenmahlzeit unterwegs. Achten Sie dabei auf gut verschließbare Transportbehälter.*

## NOTIZEN

# Nudelsalat mit Chinakohl

*Menge für 2 Kinder und 2 Erwachsene*

| | |
|---|---|
| 150 g | **(Vollkorn)spaghetti** |
| 50 g | **Chinakohl** |
| 1 | **Paprika,** rot, mittelgroß |
| 1 | **Apfel,** klein |
| 150 g | **Mais,** TK (oder 1/2 kleine Dose ) |
| 1/8 l | **Joghurt,** natur, 3,6 % |
| 1 EL | **Zitronensaft** |
| | **etwas Salz** |
| | **etwas Zucker** |
| | **etwas Paprikapulver** |
| 2 EL | **Kräuter der Saison,** gehackt |

Kochen Sie die Spaghetti bissfest. Waschen und putzen Sie den Chinakohl, die Paprikaschote und den Apfel. Schneiden Sie die Chinakohlblätter in feine Streifen.
Schneiden Sie anschließend die rote Paprikaschote und den Apfel in kleine Würfel.
Aus Joghurt und Gewürzen bereiten Sie danach die Marinade zu.
Vermengen Sie anschließend alle Zutaten in einer Salatschüssel.

## Variation

Statt Vollkornnudeln können Sie auch lustig geformte oder gefärbte Nudeln verwenden.

## NOTIZEN

# Reissalat exotisch

*Menge für 2 Kinder und 2 Erwachsene*
*vorbereitbar*
*für unterwegs*

| | |
|---|---|
| 150 g | **(Vollkorn)reis** |
| 300 ml | **Wasser** |
| 1 TL | **Oliven- oder Nussöl** |
| | **etwas Salz** |
| 150 g | **Ananasstücke,** frisch (oder aus der Dose) |
| 1 | **Apfel,** mittelgroß |
| 2 | **Karotten,** mittelgroß |
| 150 g | **Putenschinken** |
| | **etwas Salz** |
| | **etwas Currypulver** |
| | **etwas Zucker** |
| 2 EL | **Walnüsse,** gehackt (evtl.) |

| | |
|---|---|
| 1/8 l | **Sauerrahm (Saure Sahne)** |
| 2 EL | **Zitronensaft** |
| 2 EL | **Kräuter der Saison,** gehackt |

Waschen Sie den Reis und kochen Sie das Wasser mit dem Salz, dem Öl und dem Reis auf. Einmal umrühren und mit einem Deckel zudecken. Bei minimaler Hitze ca. 35 Minuten dünsten. Gießen Sie den Saft aus der Ananasdose in ein Glas. Sie können später 3 EL davon zur Salatmarinade geben.

Waschen und putzen Sie den Apfel und die Karotten. Schneiden Sie die Karotten in Stücke von ca. 4 cm Länge und danach in feine Streifen (0,5 cm Breite). Der Apfel wird in dünne Spalten, der Putenschinken in feine Streifen geschnitten. Vermengen Sie dann alle Zutaten inklusive dem Salz, dem Currypulver und der Prise Zucker.
Verrühren Sie für die Marinade Sauerrahm (Saure Sahne), Zitronensaft, die Kräuter und eventuell 3 EL Ananassaft miteinander und gießen Sie sie über den Salat.

## Variation

Färben Sie den Reis während des Kochens mit Safran (gelb) ein oder ersetzen Sie einen Teil des Wassers durch Tomatensaft (rot).

***Tipp: So sparen Sie Kalorien!***
*Wenn Sie für die Marinade 150 g (probiotisches) Naturjoghurt statt des Sauerrahms (der Sauren Sahne) verwenden, können Sie Fett einsparen.*

# NOTIZEN

# Couscoussalat mit Gemüse rot-grün

*Menge für 2 Kinder und 2 Erwachsene*
*vorbereitbar*
*für unterwegs*

| | |
|---|---|
| 200 g | **Couscous** |
| 400 ml | **Wasser** |
| | **etwas Salz** |
| 1 | **Lorbeerblatt** |
| 200 g | **Brokkoliröschen,** frisch oder TK |
| 250 g | **Cocktailtomaten** |
| | |
| 3 EL | **Mayonnaise** |
| 2 EL | **Joghurt,** natur, 3,6 % |
| | **etwas Salz** |
| | **etwas Muskat** |

Kochen Sie den Couscous mit Wasser, Salz und Lorbeerblatt auf. Rühren Sie einmal um, und lassen Sie ihn 10 Minuten auf kleinster Flamme ausquellen.
Brokkoli waschen und putzen, die Röschen vom Stiel abtrennen und beides in etwas Wasser bissfest garen.
Waschen und putzen Sie die Cocktailtomaten und halbieren Sie sie.

Bereiten Sie aus der Mayonnaise, dem Joghurt, Salz und Muskat eine Marinade und vermengen Sie diese mit allen Zutaten zu einem Salat.

## Variation

Sie können als Getreidebasis auch den etwas gröberen Weizenbruch „Bulgur" oder Hirse nehmen.
Waschen Sie Hirse 6- bis 7-mal warm durch, bevor Sie sie in der 2,5-fachen Menge Wasser aufkochen und ausquellen lassen.

***Tipp Kettenkochen:***
*Sie können die Stiele des Brokkolis noch weiterverwenden. Pürieren Sie sie mit dem Kochwasser und etwas Salz (oder einem halben Gemüsebrühwürfel) zu einer Brokkolicremesuppe. Gießen Sie eventuell mit etwas Wasser auf. Verfeinern Sie die Suppe mit 1 EL Sauerrahm (Saurer Sahne).*

## NOTIZEN

# Bunter Erdäpfelsalat (Kartoffelsalat)

*Menge für 2 Kinder und 2 Erwachsene*

| | |
|---|---|
| 300 g | **Erdäpfel (Kartoffeln),** fest kochend |
| 150 g | **Erbsen,** frisch oder TK |
| 150 g | **Mais,** TK (oder 1/2 kleine Dose) |
| 1/2 | **Zwiebel,** rot, klein |
| 1 | **Bund Radieschen** |
| | |
| 1/8 l | **Wasser** |
| 1/4 | **Gemüsesuppenwürfel (Gemüsebrühwürfel)** |
| 2 EL | **Apfelessig** |

Waschen Sie die Erdäpfel (Kartoffeln) und kochen Sie sie in wenig Wasser gar. Dünsten Sie die Erbsen und evtl. den Tiefkühlmais in wenig Wasser. Schälen Sie die Erdäpfel und schneiden Sie sie in dünne Scheiben.

Schälen Sie die Zwiebel, waschen und putzen Sie die Radieschen. Hacken Sie die Zwiebel klein und schneiden Sie die Radieschen in feine Scheiben.

Kochen Sie für die Marinade das Wasser und lösen Sie den Gemüsewürfel darin auf. Schmecken Sie mit Apfelessig ab.
Vermengen Sie anschließend alle Zutaten und übergießen Sie den Salat mit der noch heißen Marinade.

## Variation

Für Fleisch- und Wurst-Tiger schneiden Sie 50 g Hamburger Speck (durchwachsen) in feine Streifen. Lassen Sie ihn in einer Pfanne knusprig braten und Geben Sie ihn noch warm über den Salat.

## NOTIZEN

# Salat mit Hühnerstreifen grün-weiß

*Menge für 2 Kinder und 2 Erwachsene*
*vorbereitbar*
*für unterwegs*

| | |
|---|---|
| **250 g** | **Hühnerschnitzel** |
| **1 EL** | **Öl** |
| | **etwas Salz** |
| | **etwas Pfeffer,** weiß, gemahlen |
| **150 g** | **Erbsen,** frisch oder TK |
| **3** | **Kiwis** |
| **2** | **Paprika,** grün |
| **1/4** | **Stange Lauch (Porree)** |

| | |
|---|---|
| **1/8 l** | **Sauerrahm (Saure Sahne)** |
| **1 EL** | **Zitronensaft** |
| | **etwas Salz** |
| | **etwas Zucker** |
| | **etwas Pfeffer,** weiß, gemahlen |
| **2 EL** | **Petersilie,** gehackt |

Waschen Sie die Schnitzel und klopfen Sie sie etwas flach (ca. auf 1 cm). Dann schneiden Sie sie in feine Streifen. Erhitzen Sie das Öl und braten Sie die Hühnerstreifen darin von allen Seiten schnell an. Würzen Sie sie mit Salz und evtl. mit etwas Pfeffer.

Dünsten Sie die Erbsen in wenig Wasser bissfest. Schälen Sie die Kiwis, halbieren Sie sie der Länge nach und schneiden Sie sie in Scheiben. Waschen und putzen Sie dann die Paprikaschoten und den Lauch (Porree). Schneiden Sie den Lauch dann in feine Ringe, die Paprikaschoten kleinwürfelig.

Verrühren Sie die Zutaten für die Marinade miteinander und vermengen Sie danach alle Zutaten.

### Variation

Kinder mögen Farben. Probieren Sie auch andere Farbkombinationen, z. B. roten Paprika, Paprikapulver, rote Grapefruit. Ihrer Fantasie sind keine Grenzen gesetzt.

## NOTIZEN

# Reissalat mit Kantwurst (Salami) und Vogerlsalat

*Menge für 2 Kinder und 2 Erwachsene*

| | |
|---|---|
| 150 g | (Vollkorn)reis |
| 300 ml | Wasser |
| | etwas Salz |
| 1 TL | Olivenöl |
| 1 | Lorbeerblatt |
| 3 | Nelken |
| 100 g | Vogerlsalat (Feldsalat) |
| 50 g | Kantwurst (oder Salami) |

| | |
|---|---|
| 1/8 l | Sauerrahm (Saure Sahne) |
| 2 EL | Zitronensaft |
| | etwas Salz |
| | etwas Zucker |
| | etwas Pfeffer, weiß, gemahlen |
| 2 EL | Schnittlauch |

Waschen Sie den Reis, und kochen Sie das Wasser mit dem Salz, dem Öl, dem Lorbeerblatt, den Nelken und dem Reis auf. Einmal umrühren und mit einem Deckel zudecken. Dann bei minimaler Hitze ca. 35 Minuten dünsten.
Waschen und putzen Sie den Vogerlsalat (Feldsalat), schneiden Sie die Kantwurst (eine eckige Salamiart) in feine Streifen. Vermengen Sie alle Zutaten sachte miteinander. Verrühren Sie die Zutaten für die Marinade miteinander und gießen Sie sie über den Salat.

## Variation

Statt der deftigen Kantwurst (oder Salami) können Sie auch Extrawurst, Pariser oder einen milden Schnittkäse (z. B. Edamer oder Gouda) verwenden.

***Tipp: So sparen Sie Kalorien!***
*Anstelle des Sauerrahms können Sie zur Zubereitung der Marinade 1/8 l (probiotisches) Naturjoghurt verwenden.*

## NOTIZEN

# Wurstsalat

*Menge für 2 Kinder und 2 Erwachsene*
*vorbereitbar*
*für unterwegs*

| | |
|---|---|
| 200 g | **Puten-Extrawurst** am Stück |
| 200 g | **Käse** nach Wahl |
| 3 | **Paradeiser (Tomaten),** klein |
| 2 | **Paprika,** grün, mittelgroß |
| 1 | **Zwiebel,** klein |
| | |
| 2 EL | **Kräuter der Saison,** gehackt |
| 2 EL | **Mayonnaise** |
| 1/8 l | **Joghurt,** natur, 3,6 % |
| 1 EL | **Apfelessig** |
| | **etwas Salz** |
| | **etwas Pfeffer** |

Schneiden Sie die Putenextra (oder eine andere, fettarme Extrawurst) würfelig und den Käse in Streifen.
Waschen und putzen Sie die Paradeiser (Tomaten) und die Paprikaschoten. Putzen Sie die Zwiebel. Schneiden Sie das Gemüse kleinwürfelig und mengen Sie es unter die Extrawurst und den Käse.
Bereiten Sie aus den restlichen Zutaten eine Marinade und vermengen Sie sie mit dem Salat.

## Variation

Der gute, alte Wurstsalat hat immer Saison. Die Gemüsebeigaben können natürlich nach Lust, Laune und Jahreszeit verändert werden.
Statt Paprikaschoten können Sie im Winter auch einmal Mais oder feinnudelig geschnittenen Chinakohl nehmen. Wenn die Familie es mag, lassen sich auch Erbsen und rote oder weiße Bohnen verwenden.

***Einmal pro Woche wird eine Mahlzeit mit Hülsenfrüchten empfohlen. Diese Mineralstoffquellen, die auch gute pflanzliche Eiweißlieferanten sind, sollten wieder vermehrt in den Speiseplan eingebaut werden.***

## NOTIZEN

# Cocktailtomaten-Mozzarella-Spieße

*Menge für 2 Kinder und 2 Erwachsene*
*vorbereitbar*
*etwas Besonderes*

| | |
|---|---|
| 12 | **Cocktailtomaten** |
| 1/4 | **(Salat)gurke,** mittelgroß |
| 125 g | **Mozzarella** |
| | |
| 4 | **Holzspieße** |

Waschen Sie die Cocktailtomaten und die Gurke. Schneiden Sie die Gurke in ca. 1 cm dicke Scheiben. Sie benötigen davon 8 Scheiben.
Dann schneiden Sie den Mozzarella in 8 Scheiben oder in 8 Würfel (je nach Form) oder Sie verwenden kleine Mozzarellabällchen. Stecken Sie alle Zutaten abwechselnd auf die Spieße. Am Anfang und am Ende jedes Spießes sollte eine Cocktailtomate stecken.

## Variation

Streuen Sie zur Verfeinerung noch gehacktes Basilikum über die Spieße oder spießen Sie einzelne Blätter mit auf.

## NOTIZEN

# Karotten-Obstsalat mit Käse

*Menge für 2 Kinder und 2 Erwachsene*
*vorbereitbar*
*etwas Besonderes*

| | |
|---|---|
| 3 | **Karotten,** mittelgroß |
| 3 | **Pfirsiche,** frisch (oder aus der Dose) |
| 2 | **Birnen,** mittelgroß |
| 200 g | **Edamer** (oder Gouda), etwas dickere Scheiben |
| | |
| 1/8 l | **Sauerrahm (Saure Sahne)** |
| 2 EL | **Apfelsaft** |
| | **etwas Salz** |
| | **etwas Pfeffer,** weiß, gemahlen |
| | **etwas Kresse,** zum Bestreuen |

Putzen und schälen Sie die Karotten und raspeln Sie sie mit dem groben Einsatz der Küchenmaschine oder mit einer groben Reibe.
Waschen und putzen Sie die Pfirsiche und die Birnen und schneiden Sie sie erst in Spalten, dann feinblättrig.
Schneiden Sie die etwas dickeren Käsescheiben kleinwürfelig.

Vermengen Sie alle Salatzutaten miteinander und danach mit der Marinade aus Sauerrahm (Saurer Sahne), Apfelsaft, Salz und eventuell Pfeffer. Dekorieren Sie den Salat mit Kresse.

## Variation

Sie können statt der Birnen auch Äpfel verwenden.

## NOTIZEN

# Hirsesalat mit Obst

*Menge für 2 Kinder und 2 Erwachsene*
*vorbereitbar*
*für unterwegs*

| | |
|---|---|
| 125 g | **Hirse** |
| 300 ml | **Wasser** |
| | **etwas Salz** |
| 2 | **Orangen (Apfelsinen)** |
| 1 | **Apfel,** mittelgroß |
| 100 g | **Weintrauben,** weiß oder blau (oder 3 EL Rosinen, gewaschen) |
| 2 EL | **Pignoli (Pinienkerne)** |

| | |
|---|---|
| 1/4 l | **Joghurt,** natur, 3,6 % |
| 1 EL | **Zucker** oder Honig |
| | **etwas Zitronensaft** |
| | **etwas Zimt** |

Waschen Sie die Hirse 6- bis 7-mal heiß, kochen Sie sie dann in Wasser mit etwas Salz auf. Rühren Sie einmal um und lassen Sie die Hirse 20 Minuten auf kleinster Flamme ausquellen.
In der Zwischenzeit waschen, schälen bzw. putzen Sie die Orangen (Apfelsinen), den Apfel und die Weintrauben. Schneiden Sie den Apfel und die Orangen in kleine Stücke. Halbieren Sie die Weintrauben, entkernen Sie sie nach Bedarf.
Mengen Sie das Obst mit den Pignolienkernen unter die Hirse.

Rühren Sie das Joghurt, den Zucker oder Honig, den Zitronensaft und etwas Zimt zusammen und geben Sie die Marinade über den Salat.

## Variation

Für Erwachsene können Sie etwas gemahlenen Ingwer im Salat probieren. Diese Variation ist für Kinder nicht geeignet. Erfahrungsgemäß ist Ingwer zu scharf.

## NOTIZEN

# Obstsalat mit Sesam, Haferflocken und Schokolade

*Menge für 2 Kinder und 2 Erwachsene*
*vorbereitbar*
*für unterwegs*

| | |
|---|---|
| 2 | **Äpfel,** mittelgroß |
| 2 | **Orangen (Apfelsinen)** |
| 2 | **Bananen,** klein |
| 2 | **Kiwis** |
| 2 EL | **Haferflocken** |
| 1 EL | **Sesam** |
| 2 EL | **Schokoraspel** |

Waschen, putzen und schälen Sie die Äpfel. Schälen Sie die Orangen (Apfelsinen), Bananen und Kiwis. Schneiden Sie die Äpfel und Orangen dann in Spalten und quer in schmale Stücke. Die Bananen und die Kiwis schneiden Sie in Scheiben.

Erhitzen Sie eine Pfanne (trocken, ohne Öl) und rösten Sie die Haferflocken und den Sesamsamen kurz an.
Geben Sie beide Zutaten mit Schokoraspel über den Obstsalat.

## NOTIZEN

# BROTE & GEBÄCK

## Weckerln (Brötchen) – Grundteig

*Menge für 12 Stück*

| | |
|---|---|
| 500 g | **Weizen(vollkorn)mehl** |
| 1 | **Packung Germ (Hefe, 42 g)** |
| 1/4 l | **Wasser,** lauwarm |
| 1 TL | **Zucker** |
| 1 TL | **Salz** |
| 3 EL | **Öl** |

**Backpapier** oder Fett für ein Backblech
**etwas Wasser,** zum Bestreichen
**(Vollkorn)mehl,** zum Stauben

Geben Sie alle Zutaten inklusive frischem Germ (oder 7 g Trockengerm) in eine Schüssel und verkneten Sie sie mit den Knethaken der Küchenmaschine oder des Mixers so lange, bis sich der Teig gut vom Schüsselrand löst und Blasen wirft. Geben Sie etwas mehr Wasser dazu, falls der Teig zu fest ist.

Lassen Sie den Teig zugedeckt an einem warmen Ort 30 Minuten rasten. Kneten Sie den Teig dann nochmals gut durch und formen Sie 12 gleich große Teigbällchen.

Diese legen Sie auf ein befettetes oder mit Backpapier bedecktes Backblech. Schneiden Sie sie kreuzweise auf der Oberseite ein und lassen sie nochmals für 15 Minuten rasten.

Bestreichen Sie nun die Weckerln (Brötchen) mit Wasser und stauben Sie etwas Mehl darüber. Bei 200 °C im nicht vorgeheizten Rohr 25 Minuten backen.

Stellen Sie eventuell eine feuerfeste kleine Schüssel mit Wasser dazu ins Backrohr. Dann werden die Weckerln knuspriger.

### Variation

Statt des Weizen(vollkorn)mehls lässt sich auch Dinkel(vollkorn)mehl oder eine Mischung aus Weizenvollkornmehl mit Hafermehl nehmen.
Natürlich können Sie aus diesem Teig auch ein Brot oder Kipferln formen und nach Belieben weitere Zutaten wie Sesam, Brotgewürz, Kümmel, oder Kräuter der Saison verwenden.

***Das Backen „im nicht vorgeheizten Backrohr“ ist eine gute Maßnahme, um Energie zu sparen.***

## NOTIZEN

# Kürbisweckerln (Kürbisbrötchen)

*Menge für 8 bis 12 Stück*
*vorbereitbar*

| | |
|---|---|
| 450 g | **Kürbis,** geschält |
| 100 ml | **Wasser** |
| 500 g | **Weizen(vollkorn)mehl** |
| 1 | **Packung Germ (Hefe, 42 g)** |
| 1 TL | **Salz** |
| 1 EL | **Kürbiskerne** (evtl.) |
| | **etwas Wasser,** lauwarm, nach Bedarf |
| | **Backpapier** oder Fett für ein Backblech |

Schneiden Sie den geschälten Kürbis würfelig klein und dünsten Sie ihn im Wasser gar. Pürieren Sie ihn anschließend mit einem Pürierstab oder drehen Sie ihn durch das feine Sieb der Flotten-Lotte. Lassen Sie das Kürbismus abkühlen, da zu viel Hitze dem Germ (der Hefe) schadet.

Geben Sie das Vollkornmehl in eine Schüssel, bröseln Sie den frischen Germ (oder 7 g Trockengerm) hinein und fügen Sie das Salz und das Kürbismus dazu. Kneten Sie den Teig mit den Knethaken der Küchenmaschine oder des Mixers so lange, bis sich jener gut vom Schüsselrand löst und Blasen wirft.

Falls der Teig zu fest ist, geben Sie bitte etwas lauwarmes Wasser dazu. Weiters können Sie noch gehackte Kürbiskerne in den Teig einarbeiten.

Lassen Sie den Teig zugedeckt an einem warmen Ort 30 Minuten rasten. Kneten Sie den Teig dann nochmals gut durch. Formen Sie 8 – 12 gleich große Teigbällchen. Diese schneiden Sie kreuzweise an der Oberseite ein und lassen sie nochmals für 15 Minuten rasten.

Backen Sie die Kürbisweckerln (Kürbisbrötchen) 25 Minuten bei 200 °C im nicht vorgeheizten Rohr. Stellen Sie evtl. eine feuerfeste kleine Schüssel mit Wasser dazu ins Backrohr. Dann werden die Weckerln knuspriger.

*Das Kürbisweckerl lässt sich auch gut einfrieren und nach Bedarf aufbacken oder fertig backen.*

## NOTIZEN

# Polenta-Fladen (Maisgrieß-Fladen)

*Menge für 4 Stück*
*etwas Besonderes*
*aufwändiger*

| | |
|---|---|
| 200 g | **Polenta (Maisgrieß)** |
| 200 g | **Weizen(vollkorn)mehl** |
| 1/4 l | **Wasser,** lauwarm |
| 1 | **Packung Germ (Hefe, 42 g)** |
| 3 EL | **Olivenöl** |
| 2 TL | **Salz** |
| 1 TL | **Zucker** |

**etwas Olivenöl,** zum Bestreichen
**etwas Mehl,** zum Stauben
**Backpapier** oder Fett für ein Backblech

Mahlen Sie die Polenta (den Maisgrieß) mit einer Getreidemühle sehr fein (manche Geschäfte bieten dieses Service ebenfalls an). Geben Sie sämtliche Zutaten inklusive frischem Germ (oder 7 g Trockengerm) in eine Schüssel und verkneten Sie alles mit den Knethaken der Küchenmaschine oder des Mixers so lange, bis sich der Teig gut vom Schüsselrand löst und Blasen wirft.
Lassen Sie den Teig zugedeckt an einem warmen Ort 30 Minuten rasten. Kneten Sie den Teig nochmals gut durch und teilen Sie ihn in 4 gleiche Teile.

Rollen Sie die Teile ca. 1 cm dick aus. Bestreichen Sie nun die Fladen mit etwas Olivenöl und stauben Sie ein wenig Mehl darüber. Die Backzeit beträgt im nicht vorgeheizten Rohr 10 – 15 Minuten bei einer Temperatureinstellung von 200 °C.
Am besten schmecken die Fladen natürlich frisch! Gut verpackt halten sie etwa einen Tag.

Dazu passen verschiedene Dips aus Joghurt und Kräutern oder der Paradeisaufstrich (Tomatenaufstrich, Seite 68).

## Variation

Bestreuen Sie die Fladen vor dem Backen wahlweise noch mit frisch gehackten Kräutern der Saison oder bestreichen Sie sie mit gepresstem Knoblauch.

## NOTIZEN

# PIKANTES

## Pizzatoast

*Menge für 14 Toasts*
*vorbereitbar*
*für Überraschungsgäste*

| | |
|---|---|
| **14** | **Scheiben (Vollkorn)toast** |
| **150 g** | **Mais,** TK (oder 1/2 kleine Dose) |
| **1** | **Paprika,** grün |
| **1** | **Paradeiser,** groß **(130 g Tomaten)** |
| **100 g** | **Emmentaler,** gerieben |
| **1/8 l** | **Kaffeeobers (-sahne)** |
| **2 EL** | **Tomatenmark** |
| **2 EL** | **Pizzagewürz** |
| | **etwas Salz** |
| **130 g** | **Thunfisch,** naturell |
| **100 g** | **Schinken,** fein gewürfelt |
| | **Backpapier** oder Fett für ein Backblech |

Dünsten Sie den Mais in wenig Wasser bissfest. Waschen und putzen Sie die Paprikaschote und den Paradeiser (die Tomaten). Schneiden Sie beides kleinwürfelig und vermengen Sie alles mit dem Mais, dem geriebenen Emmentaler, dem Kaffeeobers (der Kaffeesahne) und dem Tomatenmark. Würzen Sie mit Pizzagewürz und Salz.

Teilen Sie diese Grundmasse in zwei Hälften. Mengen Sie unter die eine Hälfte den Thunfisch und unter die andere Hälfte den Schinken.

Streichen Sie die beiden vorbereiteten Pizzamassen jeweils auf die Hälfte der (Vollkorn)toastscheiben. Legen Sie diese auf ein Blech und backen Sie das Ganze 15 Minuten bei 200 °C im nicht vorgeheizten Backrohr.

Reichen Sie dazu grünen Salat oder Salat der Saison.

*Der Pizzatoast ist ideal, wenn überraschend Gäste kommen, und er eignet sich auch als warmes Abendessen.*

## NOTIZEN

# Käsestangerln

*Menge für 1 Backblech*
*vorbereitbar*
*für unterwegs*

| | |
|---|---|
| **250 g** | **Weizen(vollkorn)mehl** |
| **250 g** | **Topfen (Quark),** mager, 10 % F.i.T. |
| **250 g** | **Butter** (oder Margarine) |
| **1 EL** | **Grillgewürzmischung** |
| **1 EL** | **Kümmel,** ganz |
| **1 TL** | **Salz** |
| | |
| **2** | **Eier** |
| **100 g** | **Käse** nach Wahl, gerieben |

**Backpapier** oder Fett für ein Backblech
**(Vollkorn)mehl** für die Arbeitsfläche

Vermengen Sie das Mehl mit dem Grillgewürz, dem Kümmel und dem Salz in einer Schüssel. Fügen Sie den Topfen (Quark) und die in Würfel geschnittene Butter (oder Margarine) dazu.
Kneten Sie mit den Knethaken der Küchenmaschine oder des Mixers alles zu einem festen Teig und lassen Sie diesen in Folie gewickelt im Kühlschrank ca. 15 Minuten rasten.

Legen Sie das Backblech mit Backpapier aus und verquirlen Sie nun die Eier mit dem Käse.
Rollen Sie danach den Teig auf einer bemehlten Arbeitsfläche in der Größe des Bleches aus und legen Sie dann den Teig auf das Blech. Gießen Sie nun die Käse-Ei-Mischung auf den Teig und verteilen Sie alles gleichmäßig.
Mit einem Teigrad (oder Messer) können Sie Streifen aus dem Teig radeln (schneiden). So können Sie nach dem Backen leicht die einzelnen Käsestangerln herunterbrechen.
Backen Sie alles ca. 15 Minuten bei 200 °C im nicht vorgeheizten Rohr.

Servieren Sie dazu Karottenstifte oder Gurkenscheiben zum Knabbern.

## Variation

Auch hier sind Ihrer Fantasie beim Belegen des Teiges keine Grenzen gesetzt. Probieren Sie es eventuell mit Sesam, Schinken oder einem sehr würzigen Käse.

> ***Wer sich die Zubereitung des Teiges sparen möchte, kann auch tiefgekühlten Blätterteig stattdessen verwenden.***

## NOTIZEN

# Überbackene Schafkäse-Brote

*Menge für 4 Brote*
*vorbereitbar*
*für Überraschungsgäste*

| | |
|---|---|
| 4 | **Scheiben (Vollkorn)brot** |
| 2 | **Paprika,** grün |
| 100 g | **Schafkäse** |
| 2 EL | **Cottage Cheese (Hüttenkäse)** |
| 1 EL | **Oregano,** frisch, gehackt (oder 1 TL Oregano, getrocknet) |

Waschen, putzen und halbieren Sie die Paprikaschoten der Länge nach. Schneiden Sie die Hälften in feine Streifen und teilen Sie diese gleichmäßig auf die 4 Brotscheiben auf.

Zerdrücken Sie den Schafkäse mit einer Gabel und mengen Sie den Cottage Cheese (Hüttenkäse) und den Oregano darunter.

Verteilen Sie die Käsemasse auf den Broten und backen Sie die Käsebrote 20 Minuten bei 200 °C im nicht vorgeheizten Rohr oder 5 Minuten unter dem Backofengrill.

## Variation

Schmeckt auch gut mit dünn geschnittenen Apfelspalten zu einer Blauschimmelkäse-Walnussmischung.
Oder mit Paradeiserscheiben (Tomatenscheiben) statt der Paprikaschoten.

## NOTIZEN

# Croissants mit Käse und Schinken

*Menge für 6 Stück*
*vorbereitbar*
*für unterwegs*

| | |
|---|---|
| 1 | **Packung Blätterteig,** TK (330 g) |
| 100 g | **Schinken** nach Wahl |
| 100 g | **Feta (Schafkäse in Salzlake)** |
| 2 EL | **italienische Kräuter,** TK |
| 1 | **Ei,** zum Bestreichen |
| 1 | **Papierschablone** 12 x 12 cm |
| | **Backpapier** oder Fett für ein Backblech |

Lassen Sie den Blätterteig nach Packungsanweisung auftauen. Schneiden Sie den Schinken in kleine Würfel und zerdrücken Sie den Schafkäse mit der Gabel. Vermengen Sie dann den Schinken, den Schafkäse und die Kräuter miteinander.

Rollen Sie den Blätterteig leicht aus. Schneiden Sie nun mit Hilfe der angefertigten Papierschablone 6 Quadrate aus dem Teig.

In die Mitte eines jeden Quadrates setzen Sie einen Esslöffel der Schinken-Käsemasse.
Beginnen Sie nun von einer Quadratspitze her das Croissant einzurollen. Den letzten Zipfel bestreichen Sie an der Unterseite mit wenig Wasser und drücken ihn vorsichtig fest.
Biegen Sie die Ecken leicht nach innen (Kipferl- oder Hörnchenform) und setzen Sie das fertige Croissant auf das mit Backpapier ausgelegte oder befettete Backblech.

Verquirlen Sie das Ei und bestreichen Sie damit die Croissants, bevor Sie sie 25 Minuten bei 200 °C im nicht vorgeheizten Rohr backen.

## Variation

Nehmen Sie für eine fettärmere Variante des Rezeptes statt des Blätterteiges einen Germteig. Füllen Sie ihn und formen Sie ihn zu Kipferln. Oder Sie verarbeiten fertigen Strudelteig (TK) zu kleinen, mit der Masse gefüllten Strudeln.

Statt Kipferln können Sie zur Abwechslung auch dreieckige Schinken-Käse-Zipfe formen.

Natürlich gibt es viele Möglichkeiten, die Croissants zu füllen. Probieren Sie einmal eine reine Gemüsefülle.

***Tipp: So sparen Sie Zeit!***
*Wenn Ihr Herd eine Zeitautomatik besitzt, bereiten Sie die Croissants am Abend vor und lassen Sie sie zum Frühstück fertig backen.*
*So kann die ganze Familie am Morgen frische Croissants genießen oder für die Pause mitnehmen.*

## NOTIZEN

# Mandelcracker

*Menge für ca. 30 Stück*

| | |
|---|---|
| 400 g | **Weizen(vollkorn)mehl** |
| 200 g | **Butter,** weich |
| 100 g | **Salzmandeln** |
| 2 | **Eier** |
| | **etwas Salz** |
| 2 EL | **Wasser** |
| | **Mehl** für die Arbeitsfläche |
| 1 | **Ei,** zum Bestreichen der Cracker |
| | **etwas Kümmel,** zum Bestreuen |
| | **Backpapier** oder Fett für ein Backblech |

Hacken Sie die Salzmandeln mit dem Messer sehr fein. Kneten Sie danach alle Zutaten in einer Schüssel mit den Knethaken der Küchenmaschine oder des Mixers zu einem Teig.
Wickeln Sie den Teig in eine Folie und lassen Sie ihn ca. 30 Minuten im Kühlschrank rasten.

Danach formen Sie daraus eine Rolle mit ca. 4 cm Durchmesser. Falls der Teig noch sehr weich sein sollte, kneten Sie etwas Weizenmehl darunter.
Schneiden Sie nun ca. 1 cm breite Taler von der Rolle und drücken Sie diese mit dem Handballen flach. Legen Sie die Cracker auf das Backblech.

Verquirlen Sie das Ei und bestreichen Sie die Cracker damit, dann streuen Sie etwas Kümmel auf die bestrichenen Flächen und backen die Cracker 20 Minuten bei 180 °C im nicht vorgeheizten Backrohr.

## Variation

Sie können natürlich auch andere Nüsse, z. B. Walnüsse, oder Erdnüsse verwenden.

## NOTIZEN

# Pikante Tarte

*Menge für 1 Tarteform*
*vorbereitbar*
*Teig auf Vorrat*

| | |
|---|---|
| 250 g | **Weizen(vollkorn)mehl** |
| 125 g | **Topfen (Quark),** mager, 10 % F.i.T. |
| 125 g | **Butter** (oder Margarine), kalt |
| 2 EL | **Wasser** |
| | **etwas Salz** |
| 100 g | **Champignons** |
| 150 g | **Lauch (Porree)** |
| 1 | **Zucchini (Zucchetti),** klein (ca. 150 g) |
| 3 | **Eier** |
| 3/16 l | **Milch** |
| | **etwas Salz** |
| | **etwas Pfeffer,** weiß, gemahlen |
| | **Fett und (Vollkorn)mehl** für eine Form |

Geben Sie das Vollkornmehl, den Topfen (Quark), die kalte, zerteilte Butter, das Wasser und das Salz in eine Schüssel und kneten Sie den Teig von Hand oder mit den Knethaken der Küchenmaschine oder des Mixers. Lassen Sie den mit einem feuchten Tuch abgedeckten Teig 15 Minuten rasten.

Waschen und putzen Sie inzwischen das Gemüse und schneiden Sie es in dünne Scheiben.

Kneten Sie anschließend den Teig nochmals durch und rollen Sie ihn aus. Stechen Sie mit dem Rand der umgedrehten Tarte- oder Springform (Tortenform) einen Teigkreis aus.

Legen Sie dieses Teigstück auf den Boden der befetteten und bemehlten Form. Aus dem Teigrest formen Sie einen 3 cm hohen Rand. Drücken Sie diesen seitlich an dem Teigboden fest.

Legen Sie das Gemüse gemischt oder in 3 unterschiedliche Segmente geteilt darauf und übergießen Sie das Ganze mit den in Milch verquirlten und gewürzten Eiern.

Die Tarte wird ca. 30 Minuten im nicht vorgeheizten Rohr bei 200 °C gebacken. Servieren Sie die Tarte warm oder kalt zu grünem Salat.

## Variation

Die Tarte eignet sich hervorragend, um Reste aus dem Kühlschrank aufzubrauchen. Sie können die verschiedensten Gemüse verwenden und Käse, Schinken oder Speck dazugeben. Probieren Sie einmal mit Speck glasig gerösteten Zwiebel.

Außerdem lässt sich die Tarte auch mit süßen Obstmassen belegen, z. B. mit feinblättrig geschnittenen Äpfeln mit Zimt, Zucker und gehackten Nüssen oder mit in Spalten geschnittenen Zwetschken mit Zimt und Zucker.

*Eingeschlagen in eine Frischhaltefolie lässt sich der eingeölte Tarteteig auch 2 – 3 Tage im Kühlschrank aufbewahren.*
*Sie können also bequem die doppelte Menge zubereiten und heute eine pikante Lauchtarte für 4 Personen und morgen eine andere Variante auf den Tisch zaubern.*

## NOTIZEN

# SÜSSES

## Nusskipferln (Nusshörnchen)

*Menge für 24 Stück*
*für unterwegs*
*aufwändiger*

| | |
|---|---|
| 250 g | **Weizen(vollkorn)mehl** |
| 1/2 | **Packung Germ (Hefe, 21 g)** |
| 2 EL | **Zucker** |
| 1/2 TL | **Salz** |
| 1 | **Dotter (Eigelb)** |
| 120 g | **Butter** (oder Margarine) |
| 1/16 l | **Milch** |
| | |
| 300 g | **Walnüsse,** gerieben |
| 1/8 l | **Wasser** |
| 4 EL | **Zucker** |
| 1 EL | **Butter** |
| | |
| 1 | **Ei** zum Bestreichen |
| 1 | **Papierschablone** 8 x 8 cm |
| | **Backpapier** oder Fett für ein Backblech |
| | **Mehl** für die Arbeitsfläche |

Geben Sie das Weizenmehl in eine Schüssel. Fügen Sie den zerbröselten Germ (die Hefe), den Zucker, das Salz (dieses an den Schüsselrand, nicht über den Germ) und den Dotter (das Eigelb) hinzu.

Lassen Sie danach die Butter in einem kleinen Topf zergehen und geben Sie die Milch dazu.
Dann gießen Sie beides zum Mehl und kneten mit den Knethaken der Küchenmaschine oder des Mixers so lange, bis der Teig sich vom Schüsselrand löst und Blasen wirft. Den Teig zugedeckt an einem warmen Ort 30 Minuten rasten lassen.

Für die Fülle kochen Sie in der Zwischenzeit das Wasser mit dem Zucker etwa 10 Minuten auf bis es sirupartig wird. Rühren Sie dann die Walnüsse und die Butter hinein. Lassen Sie die Füllmasse nun 10 Minuten rasten.

Kneten Sie währenddessen den Teig nochmals durch und rollen Sie ihn auf einer bemehlten Arbeitsfläche aus. Schneiden Sie nun mit Hilfe der Papierschablone 24 Teigstücke aus dem Teig.

Setzen Sie jeweils einen EL Nussfülle in die Mitte des Teigquadrates und beginnen Sie von einer Spitze her das Quadrat einzurollen. Die Enden biegen Sie leicht nach innen (Kipferlform).
Setzen Sie die fertigen Kipferln auf das mit Backpapier ausgelegte Blech und bestreichen Sie sie mit verquirltem Ei.

Anschließend werden die Nusskipferln 20 Minuten bei 180 °C im nicht vorgeheizten Rohr gebacken.

### Variation

Als Fülle eignet sich auch eine Masse mit Mohn oder aus Topfen (Quark), je nachdem, welche Geschmacksrichtung Ihre Familie bevorzugt.

## NOTIZEN

# Dunkl'sche Fruchtbusserln (Fruchtplätzchen)

*Menge für 50 Stück*
*auf Vorrat*
*für Kinderköche geeignet*

| | |
|---|---|
| 2 | **Äpfel,** klein |
| 120 g | **Rosinen,** ungeschwefelt |
| 120 g | **Butter** (oder Margarine), weich |
| 150 g | **Zucker** |
| 2 | **Eier** |
| 1/16 l | **Milch** |
| 200 g | **Weizen(vollkorn)mehl** |
| 100 g | **Walnüsse,** gerieben |
| 1 TL | **Backpulver** |
| 1 TL | **Zimt** |
| 1/2 TL | **Salz** |
| 1/2 TL | **Nelken,** gemahlen |
| | **etwas Muskat** |

**Backpapier** oder Fett
für ein Backblech

Waschen Sie die Äpfel, vierteln Sie sie und entfernen Sie das Kerngehäuse. Dann werden die Äpfel in sehr kleine Würfel geschnitten.
Waschen Sie die Rosinen und tupfen Sie sie mit einem Küchentuch trocken.

Schlagen Sie die Butter mit dem Zucker schaumig (ca. 5 Minuten). Rühren Sie daraufhin die Eier einzeln ein und fügen Sie anschließend die Milch dazu.

Vermengen Sie alle weiteren trockenen Zutaten in einer Schüssel miteinander und rühren Sie sie unter die Butter-Zucker-Ei-Masse.

Fügen Sie zuletzt die zerkleinerten Äpfel und die Rosinen hinzu.
Setzen Sie unter Zuhilfenahme von 2 Kaffeelöffeln je einen Löffel voll in ca. 4 cm Abstand aufs Backblech.
Backen Sie die Fruchtbusserln 20 Minuten bei 180 °C im nicht vorgeheizten Rohr.

*Nicht jedes Kind mag Rosinen. Verwenden Sie stattdessen getrocknete Preiselbeeren bzw. ungeschwefelte Marillen (Aprikosen) oder etwas mehr Apfel.*

# NOTIZEN

# Gundis Löffelkekse (Löffelplätzchen)

*Menge für 1 Backblech*
*für Kinderköche geeignet*
*einfach & vielseitig*

| | |
|---|---|
| **50 g** | **Haselnüsse,** gerieben |
| **60 g** | **Butter** (oder Margarine), weich |
| **200 g** | **Zucker** |
| **2** | **Eier,** groß |
| **50 ml** | **Buttermilch** |
| **150 g** | **Weizen(vollkorn)mehl** |
| **150 g** | **Haferflocken** |
| **100 g** | **Rosinen,** ungeschwefelt, gewaschen (5 EL) |
| **1 TL** | **Zimt** |
| | **etwas Salz** |
| | **etwas Natron (oder Backpulver)** |
| | **Backpapier** oder Fett für ein Backblech |

Rösten Sie die Haselnüsse kurz ohne Fett in einer Pfanne an und lassen Sie sie auskühlen.
In der Zwischenzeit rühren Sie die Butter mit dem Zucker cremig. Geben Sie dann unter Rühren die Eier dazu und danach die Buttermilch.

Vermengen Sie das Mehl mit den Gewürzen, den Haselnüssen und den Haferflocken und rühren Sie es in die Masse ein. Zum Schluss fügen Sie die Rosinen hinzu.

Setzen Sie mit einem Kaffeelöffel kleine Häufchen in ca. 4 cm Abstand auf das Blech und backen Sie diese 20 Minuten bei 180 °C im nicht vorgeheizten Rohr.

## Variation

Probieren Sie die Kekse auch einmal mit 100 g geriebenem Apfel oder getrockneten Preiselbeeren anstelle der Rosinen.
Sie können stattdessen (oder dazu) auch 100 g in kleine Stücke geschnittene Vollmilchschokolade nehmen.

# NOTIZEN

# Muffins (Tee-Törtchen)

*Menge für 48 Stück*
*für Kinderköche geeignet*
*einfach & vielseitig*

| | |
|---|---|
| 500 g | **Weizen(vollkorn)mehl** |
| 200 g | **Butter** (oder Margarine) |
| 150 g | **Zucker** |
| 5 | **Eier** |
| 1 | **Packung Backpulver** |
| 1/4 l | **Milch** oder Joghurt |
| 48 | **Papierförmchen** mit einem Bodendurchmesser von 3 cm |

Rühren Sie die Butter und den Zucker so lange schaumig, bis die Creme fast weiß aussieht, dann rühren Sie die Eier einzeln ein.
Vermengen Sie das Backpulver mit dem Mehl und geben Sie es abwechselnd mit der Milch (oder dem Joghurt) in die Butter-Ei-Zucker-Mischung.

Setzen Sie die Papierförmchen auf ein Backblech oder in ein Muffinblech und füllen Sie die Masse in die Cups (je 1 großer EL pro Form). Backen Sie 25 Minuten bei 180 °C im nicht vorgeheizten Rohr.

Servieren Sie die Törtchen zu einer guten Tasse Früchte- oder Kräutertee.

## Variation

Für die Muffins gibt es eine Vielzahl von Variationsmöglichkeiten. Bestreuen Sie die Törtchen z. B. vor dem Backen mit Schokoraspel oder mit buntem Streusel.
Als weitere Variation können Sie den Teig mit ca. 100 g Schokoraspel kalorienreicher gestalten.
Oder tauschen Sie zur Kalorienanreicherung 100 g Weizenmehl gegen 100 g Kokosraspel aus.

Auch Rosinen, Preiselbeeren oder Nüsse im Teig sorgen für Abwechslung der Tee-Törtchen. Im Sommer könnten Sie dem Teig frische Beeren, im Winter tiefgekühlte Beeren, z. B Heidelbeeren (Blaubeeren), zugeben.
Wer lieber den Geschmack von Orangen (Apfelsinen) mag, kann statt der Milch Orangensaft verwenden und die abgeriebene Schale einer unbehandelten Orange einrühren.
Vanille, Kardamom, Marzipan – Ihnen kommen sicher viele Ideen, wie Sie den Törtchen Ihre persönliche Note geben können.

## NOTIZEN

# Marillen-Grießkuchen (Aprikosen-Grießkuchen)

*Menge für eine rechteckige Form*
*(ca. 18 x 35 cm)*
*einfach & vielseitig*

| | |
|---|---|
| 500 g | **Marillen (Aprikosen),** groß |
| 120 g | **Butter** oder Margarine |
| 100 g | **Zucker** |
| 2 | **Eier** |
| 150 g | **Weizen(vollkorn)mehl** |
| 100 g | **Dinkel- oder Weizengrieß** |
| 1/2 | **Packung Backpulver** |
| 1/4 l | **Joghurt,** natur, 3,6 % |
| | **Fett und (Vollkorn)mehl** für die Form |

Waschen und entkernen Sie zuerst die Marillen (Aprikosen). Rühren Sie dann die Butter (oder Margarine) und den Zucker so lange schaumig, bis die Creme fast weiß aussieht, dann rühren Sie die Eier einzeln ein. Vermengen Sie Mehl, Grieß und Backpulver miteinander und rühren Sie die Mischung portionsweise mit dem Joghurt in die Butter-Ei-Zucker-Mischung.
Füllen Sie den Teig in die befettete und bemehlte Form, streichen Sie ihn glatt und verteilen Sie die Marillen darauf.

Der Grießkuchen wird 35 Minuten im nicht vorgeheizten Rohr bei 200 °C gebacken.

## Variation

Statt Marillen können Sie auch 4 mittelgroße geraspelte Äpfel nehmen. Oder Sie verteilen 500 g Zwetschken (Pflaumen) bzw. Heidelbeeren (Blaubeeren) auf dem Teig.

# NOTIZEN

# Omas Butterkuchen

*Menge für 1 Backblech*
*ein Klassiker*

| | |
|---|---|
| **1 kg** | **Weizen(vollkorn)mehl** |
| **150 g** | **Zucker** |
| **1 TL** | **Salz** |
| **2** | **Eier** |
| **2** | **Packungen Germ** (Hefe, 84 g) |
| **200 g** | **Butter** |
| **1/2 l** | **Milch,** lauwarm |
| | |
| **200 g** | **Butter** |
| **200 g** | **Zucker** |
| **200 g** | **Mandelblättchen** |
| | |
| | **Backpapier** oder Fett für ein Backblech |

Geben Sie das Weizenvollkornmehl, den Zucker, das Salz und die Eier in eine Schüssel und bröseln Sie Germ (Hefe) dazu. Sie können auch 14 g Trockengerm stattdessen verwenden.

Zerlassen Sie die Butter und vermischen Sie sie mit der lauwarmen Milch, geben Sie sie portionsweise – während des Knetens mit den Knethaken der Küchenmaschine oder des Mixers – in die Schüssel.
Falls Ihnen der Teig zu fest vorkommt, geben Sie noch ein wenig lauwarme Milch dazu. Kneten Sie so lange, bis sich der Teig vom Schüsselrand löst und Blasen wirft. Lassen Sie ihn anschließend zugedeckt an einem warmen Ort 30 Minuten rasten.

Rollen Sie den Teig in der Größe des Bleches aus und geben Sie ihn auf das mit Backpapier ausgelegte Backblech.

Drücken Sie in den Teig kleine Mulden. Schneiden Sie von der Butter kleine Stücke herunter und legen Sie diese in die Mulden.
Streuen Sie den Zucker und die Mandelblättchen auf den Teig und backen Sie den Butterkuchen 25 Minuten bei 180 °C im nicht vorgeheizten Rohr.

## Variation

Mengen Sie etwas Zimt oder Kardamom unter den Zucker und streuen Sie die Mischung auf den Teig.

## NOTIZEN

# Karottentorte

*Menge für eine Tortenform (24 cm)*
*ein Klassiker*
*vielseitig*

| | |
|---|---|
| 4 | **Eier** |
| 150 g | **Zucker** |
| 200 g | **Weizen(vollkorn)mehl** |
| 250 g | **Karotten,** fein geraspelt |
| 1 TL | **Backpulver** |
| 3 EL | **Wasser** |
| | |
| 4 EL | **Marillenmarmelade (Aprikosenkonfitüre)** |
| 1 | **Becher Schokoladenglasur** |
| | |
| | **Fett und (Vollkorn)mehl** für die Form |

Rühren Sie die Eier mit dem Zucker mindestens 5 Minuten schaumig. Vermengen Sie das Backpulver mit dem Mehl und heben Sie die fein geraspelten Karotten und das Mehl mit dem Backpulver unter die Ei-Zucker-Masse. Geben Sie gleichzeitig das Wasser hinzu. Füllen Sie die Karottenmasse in die Tortenform mit 24 cm Durchmesser.

**Heizen Sie das Backrohr unbedingt auf 200 °C vor und backen Sie die Torte 25 Minuten lang.**

Lassen Sie die Torte etwas auskühlen. Erwärmen Sie die Marillenmarmelade ganz wenig, sie wird dadurch etwas flüssiger und geschmeidiger und streichen Sie den Kuchen damit ein. Zerlassen Sie die Schokoladenglasur nach Packungsangabe und überziehen Sie die Kuchenoberfläche damit.

## Variation

Sie können die Masse auch auf ein halbes Backblech streichen statt sie in der Tortenform zu backen und Karottenschnitten machen.
Als Alternative zu Karotten lassen sich auch Zucchini oder Kürbis im Teig verwenden.

***Tipp: So sparen Sie Zeit!***
*Wenn Ihnen das Glasieren mit Schokolade zu (zeit)aufwändig ist, bestreuen Sie die Torte stattdessen einfach mit Staubzucker (Puderzucker) oder Schokoraspeln.*

## NOTIZEN

# Apfel-Vanille-Kuchen

*Menge für eine Tortenform (24 cm)*
*etwas Besonderes*
*vielseitig*

| | |
|---|---|
| 150 g | **Weizen(vollkorn)mehl** |
| 50 g | **Butter** oder Margarine, weich |
| 50 g | **Zucker** |
| 4 EL | **Wasser** |
| 1 | **Packung Vanillinzucker** |
| 1 TL | **Backpulver** |

| | |
|---|---|
| 4 | **Äpfel,** klein |
| 1/2 l | **Milch** |
| 1 | **Packung Vanillepudding** |
| 2 EL | **Zucker** |

**(Vollkorn)mehl** für die Arbeitsfläche
**Fett und (Vollkorn)mehl** für die Form

Geben Sie alle Zutaten für den Teig in eine Schüssel und verkneten Sie sie mit den Knethaken der Küchenmaschine oder des Mixers.
Rollen Sie den Teig ohne ihn vorher rasten zu lassen aus. Vorher von beiden Seiten gut bemehlen!

Stechen Sie mit dem Rand der umgedrehten Springform einen Teigkreis aus. Legen Sie dieses Teigstück auf den Boden der befetteten und bemehlten Tortenform (24 cm Durchmesser). Aus dem restlichen Teig formen Sie dann einen 5 cm hohen Rand und drücken diesen seitlich am Teigboden fest.

Bereiten Sie aus der Milch, dem Zucker und dem Vanillepuddingpulver einen Vanillepudding laut Packungsanweisung zu. Waschen Sie die Äpfel, entfernen Sie das Kerngehäuse und schneiden Sie die Äpfel händisch oder mit der Küchenmaschine in feine Spalten.

Legen Sie erst die Apfelspalten auf den Teigboden und füllen Sie dann den Vanillepudding darüber. Backen Sie das Ganze 40 Minuten bei 180 °C im nicht vorgeheizten Rohr.

## NOTIZEN

# Apfel-Vanille-Kuchen light

*Menge für eine Tortenform (24 cm)*
*etwas Besonderes*
*kalorienreduziert*

| | |
|---|---|
| 120 g | **Weizen(vollkorn)mehl** |
| 125 g | **Topfen (Quark),** mager, 10 % F.i.T. |
| 4 EL | **Wasser** |
| 3 EL | **Zucker** |
| 1 TL | **Backpulver** |
| | |
| 1/4 l | **Milch** |
| 1/2 | **Packung Vanillepudding** |
| 2 EL | **Zucker** |
| 700 g | **Apfelmus** |
| 3 | **gestrichene EL Speisestärke** |
| | |
| | **(Vollkorn)mehl** für die Arbeitsfläche |
| | **Fett und (Vollkorn)mehl** für die Form |

Bereiten Sie diesen fettärmeren Teig wie im vorigen Rezept zu: Geben Sie alle Zutaten für den Teig in eine Schüssel und verkneten Sie sie mit den Knethaken der Küchenmaschine oder des Mixers.
Rollen Sie den Teig ohne ihn vorher rasten zu lassen aus. Bemehlen Sie ihn vorher gut von beiden Seiten!

Stechen Sie mit dem Rand der umgedrehten Springform einen Teigkreis aus. Legen Sie dieses Teigstück auf den Boden der befetteten und bemehlten Tortenform (24 cm Durchmesser). Aus dem restlichen Teig formen Sie dann einen 5 cm hohen Rand und drücken diesen seitlich am Teigboden fest.

Für den Belag bereiten Sie den Vanillepudding laut Packungsanweisung zu und verrühren Sie ihn mit dem Apfelmus und der Mais- oder Kartoffelstärke. Backen Sie das Ganze 40 Minuten bei 180 °C im nicht vorgeheizten Rohr.

*Diese Light-Variante des Apfel-Vanille-Kuchen ist schneller zuzubereiten als der Kuchen von Seite 128.*

## NOTIZEN

# Heidelbeer-Schneekuchen (Blaubeer-Schneekuchen)

*Menge für 1 Backblech*
*für Überraschungsgäste*
*vielseitig*

| | |
|---|---|
| 50 g | **Butter** (oder Margarine) |
| 3 | **Dotter (Eigelb)** |
| 150 g | **Zucker** |
| 3 EL | **Wasser** |
| 250 g | **Weizen(vollkorn)mehl** |
| 1/2 | **Packung Backpulver** |
| 1/16 l | **Milch** |
| | |
| 3 | **Eiklar (Eiweiß)** |
| | **etwas Salz** |
| 100 g | **Zucker** |
| 500 g | **Heidelbeeren (Blaubeeren),** TK |
| | |
| | **Backpapier** oder Fett für ein Backblech |

Zerlassen Sie zuerst die Butter. Schlagen Sie anschließend die 3 Dotter (Eigelb), den Zucker und das Wasser mindestens 5 Minuten schaumig und rühren Sie dann die zerlassene Butter ein. Vermengen Sie das Mehl mit dem Backpulver und geben Sie es abwechselnd mit der Milch zu der Dotter-Zucker-Masse.
Legen Sie ein Backblech mit Backpapier aus und streichen Sie den Teig gleichmäßig auf das Blech. Backen Sie den Kuchen 15 Minuten bei 200 °C im nicht vorgeheizten Rohr.

Schlagen Sie in der Zwischenzeit die 3 Eiklar (Eiweiß) mit dem Salz und dem Zucker mindestens 5 Minuten zu steifem Schnee.
Nehmen Sie den Kuchen aus dem Rohr und verteilen Sie die tiefgekühlten (oder frischen) Heidelbeeren (Blaubeeren) auf dem Teig.
Setzen Sie mit dem Esslöffel Schneehauben auf die Beeren oder verteilen Sie den Eischnee gleichmäßig auf dem Kuchen.
Anschließend muss dieser nochmals 10 Minuten bei 200 – 220 °C gebacken werden.

## Variation

Schmeckt auch gut mit Ribiseln (Johannisbeeren) oder mit einer Beerenmischung. Sie können natürlich jedes beliebige Obst verwenden.

## NOTIZEN

# Grießauflauf

*Menge für 1 Auflaufform, 40 x 25 cm*
*vorbereitbar*
*für Feste*

| | |
|---|---|
| 1/2 l | **Milch** |
| | **etwas Salz** |
| 180 g | **Dinkel- oder Weizengrieß** |
| | |
| 80 g | **Butter** (oder Margarine) |
| 60 g | **Zucker** |
| 6 | **Dotter (Eigelb)** |
| 6 | **Eiklar (Eiweiß)** |
| | **etwas Salz** |
| 100 g | **Rosinen,** ungeschwefelt (evtl.) |
| | |
| | **Fett** für eine Auflaufform |

Lassen Sie die Milch und das Salz aufkochen. Rühren Sie den Grieß ein, kochen Sie alles nochmals kurz auf und lassen Sie die Grießmasse dann auskühlen.
Rühren Sie inzwischen Butter und Zucker mit der Küchenmaschine oder dem Handmixer so lange schaumig, bis die Creme fast weiß ist, und rühren Sie dann die 6 Dotter (Eigelb) einzeln dazu. In diesen „Abtrieb“ mengen Sie anschließend den abgekühlten, gekochten Grieß unter, bis die Masse gut durchmischt ist.
Schlagen Sie danach das Eiklar (Eiweiß) mit dem Salz zu steifem Schnee und heben Sie ihn unter die Grießmasse. Wenn Sie möchten, können Sie noch gewaschene, getrocknete Rosinen dazugeben.

Füllen Sie die Masse in eine befettete Auflaufform und backen Sie alles 50 Minuten bei 200 °C im nicht vorgeheizten Rohr.

Dazu passen hervorragend Fruchtsaucen nach Saison oder Fruchtkompotte.

## NOTIZEN

# Schoko-Vanille-Pudding

*Menge für 8 Förmchen*
*für Kinderköche geeignet*
*einfach*

| | |
|---|---|
| 1 | **Packung Vanillepudding** |
| 1/2 l | **Milch** |
| 2 EL | **Zucker** |

| | |
|---|---|
| 1 | **Packung Schokoladen-pudding** |
| 1/2 l | **Milch** |
| 2 EL | **Zucker** |

**Schokoraspel**
zur Dekoration

**8** **Puddingformen,** klein

Spülen Sie die Puddingförmchen mit kaltem Wasser aus. Kochen Sie erst den Vanillepudding laut Packungsanweisung und füllen Sie ihn in die kleinen Formen.
Sobald er etwas fest geworden ist, kochen Sie den Schokoladenpudding laut Packungsanweisung. Gießen Sie ihn über den Vanillepudding.
Lassen Sie alles fest werden und stürzen Sie den Pudding jeweils auf einen Teller. Dekorieren Sie ihn mit Schokoraspel.

*Für unterwegs können Sie den Schoko-Vanillepudding direkt in ein gut verschließbares Gefäß füllen.*

## Variation

Wenn Sie beide Sorten in noch flüssigem Zustand vorsichtig miteinander vermengen, erhalten Sie einen Marmorpudding.

## NOTIZEN

# Apfel-Milchreis

*Menge für 2 Kinder und 2 Erwachsene*
*vorbereitbar*
*für unterwegs*

| | |
|---|---|
| 2 | **Äpfel,** mittelgroß |
| 100 g | **(Vollkorn)rundreis** |
| 1/2 l | **Milch** |
| 2 TL | **Zucker** oder Honig |
| | **Zimt und Zucker,** zum Bestreuen |

Waschen Sie die Äpfel und entfernen Sie das Kerngehäuse. Schneiden Sie sie in feine Spalten. Geben Sie den Rundkornreis mit der Milch in einen Topf, fügen Sie die Apfelspalten zu. Den Reis kurz aufkochen lassen, einmal umrühren und je nach Reissorte 30 bis 60 Minuten quellen lassen. Rühren Sie nun den Zucker oder den Honig in den Milchreis ein. Servieren Sie den Milchreis mit Zimt und Zucker bestreut.

## Variation

Der Reis schmeckt ebenso gut mit Pfirsichen oder Nektarinen. Sie können ihn aber auch ohne Früchte aufkochen und anschließend zerteilte frische Erdbeeren unterheben und mit Kakao bestreuen.

*Ein Trick um den Geschmack frischer Erdbeeren zu verstärken ist es, einen Hauch von weißem Pfeffer dazuzugeben.*

## NOTIZEN

# Karamellpudding

*Menge für 2 Kinder und 2 Erwachsene*
*ein Klassiker*
*etwas Besonderes*

| | |
|---|---|
| **5 EL** | **Zucker** |
| **1/2 l** | **Milch** |
| **4 EL** | **Speisestärke** |
| **4 EL** | **Milch** |
| **4** | **Puddingformen,** klein oder Gläser |

Geben Sie den Zucker in einen Topf. Zerlassen Sie den Zucker bei großer Hitze vorsichtig unter ständigem Rühren. Es dauert einige Zeit, bis der Zucker karamellisiert. **Vorsicht, es geht dann aber plötzlich sehr schnell!**

Wenn der Zucker schön braun ist, gießen Sie unter Rühren die Milch zu. Der Karamell wird dadurch sofort fest.
Rühren Sie deshalb so lange ununterbrochen weiter, bis sich der Karamell in der Milch aufgelöst hat! Lassen Sie die Milch aufkochen.

Verrühren Sie währenddessen in einem Gefäß die Stärke mit 4 EL Milch so lange bis sie „glatt" ist. Eventuell kann man sie auch in einem verschlossenen Behälter „glatt schütteln".

Sobald die Karamellmilch kocht, rühren Sie schnell die Stärkemischung ein. Lassen Sie alles nochmals unter Rühren aufkochen. Füllen Sie den Pudding anschließend in die mit kaltem Wasser ausgespülte Formen. Falls er Ihnen nicht süß genug ist, können Sie jetzt noch etwas Zucker einrühren.

Dazu passen Vanillesauce oder geschlagenes Schlagobers (Schlagsahne), Kompottbirnen oder klein geschnittenes Obst.

## Variation

Für „Süßspechte" können Sie vor dem Einfüllen noch 1 EL Zucker oder 1 Packung Vanillinzucker in den Pudding einrühren.

## NOTIZEN

# Grießpudding

*Menge für 2 Kinder und 2 Erwachsene*
*vorbereitbar*
*ein Klassiker*

| | |
|---|---|
| 4 | **Blatt Gelatine** |
| 1/4 l | **Milch** |
| 50 g | **Zucker** oder Honig |
| | **etwas Salz** |
| 1 | **Vanilleschote,** Mark |
| 40 g | **Dinkel- oder Weizengrieß** (4 EL) |
| 1/4 l | **Schlagobers (Schlagsahne)** |
| | |
| 4 | **Puddingformen,** klein |

Weichen Sie die Gelatine in kaltem Wasser ein. Kochen Sie die Milch mit dem Zucker oder Honig, mit dem Salz und dem Mark der Vanilleschote auf.
Lassen Sie den (Vollkorn)grieß einrieseln und unter Rühren aufkochen.
Wenn der Grieß eingekocht ist, nehmen Sie die Grießmasse vom Herd und rühren Sie die eingeweichte und ausgedrückte Gelatine unter.

Schlagen Sie das Schlagobers und heben Sie es vorsichtig unter die Grießmasse. Füllen Sie den Grießpudding anschließend in mit kaltem Wasser ausgespülte Förmchen.

Servieren Sie den Grießpudding mit Fruchtsaucen oder Fruchtmus.

## Variation

Verwenden Sie statt des Grießes auch einmal Hirseflocken.

*Statt Gelatine können Sie auch Agar-Agar (pflanzlich) verwenden oder Stärke einrühren, wenn die Creme nicht so fest werden soll.*

## NOTIZEN

# Hirsejoghurt

*Menge für 2 Kinder und 2 Erwachsene*
*vorbereitbar*
*etwas Besonderes*

| | |
|---|---|
| 150 g | **Hirse** |
| 1/2 l | **Wasser** |
| | **etwas Salz** |
| 2 EL | **Zucker** oder Honig |
| 50 g | **Mandelstifte,** gehackt |
| 1/2 l | **Joghurt,** natur, 3,6 % |
| | **Früchte der Saison** |

Waschen Sie die Hirse 6- bis 7-mal heiß und kochen Sie sie mit Wasser und Salz einmal kurz auf.
Lassen Sie die Hirse auf kleiner Flamme 20 Minuten ausquellen, dann etwas überkühlen.

Mengen Sie Zucker oder Honig und die gehackten Mandelstifte unter die Hirse. Rühren Sie anschließend das Joghurt zuerst cremig und dann unter und geben Sie die gewaschenen und geputzten Früchte dazu.

## NOTIZEN

# ALLERLEI FRUCHTIGES

## Fruchtspieße

*Menge für 4 Spieße*
*für Kinderköche geeignet*
*einfach & rasch*

| | |
|---|---|
| 4 | **Zwetschken (Pflaumen)** |
| 2 | **Kiwis** |
| 1 | **Banane,** klein |
| 1 | **Birne,** mittelgroß |
| | **etwas Sesam** |
| 4 | **Holzspieße** |

Waschen und halbieren Sie die Zwetschken (Pflaumen). Schälen Sie die Kiwis und die Banane und schneiden Sie das Obst in ca. 2 cm dicke Scheiben. Waschen Sie die Birne, entfernen Sie das Kerngehäuse und schneiden Sie sie in mundgerechte Stücke.
Stecken Sie das Obst abwechselnd auf die Spieße. Geben Sie die Sesamkörner auf einen Teller und wälzen Sie die Spieße darin.

### Variation

Statt der Sesam-Fruchtspieße können Sie auch Schokoladespieße machen. Zerlassen Sie etwas Schokolade im Wasserbad und beträufeln Sie die Fruchtspieße damit oder tauchen Sie eine Seite in die Schokolade.
Diese Variation ist allerdings zum sofortigen Verzehr gedacht, sonst müssen die Schokospieße vor dem Verzehr gekühlt werden.

Als Obstvariante eignen sich auch ungeschwefelte Trockenfrüchte (Apfelspalten oder Marillen / Aprikosen).

***Werden die Spieße nicht gleich gegessen, ist es nötig, die Bananen- und Birnenstücke in Zitronensaft zu tauchen, damit sie nicht braun werden.***

## NOTIZEN

# Inges Apfel-Tiramisu

*Menge für eine Form, 15 x 30 cm*
*vorbereitbar*
*etwas Besonderes*

| | |
|---|---|
| 1 kg | **Äpfel,** süß |
| 1,5 | **Packungen Vollkornbiskotten (Löffelvollkornbiskuit,** 60 Stück) |
| 1/2 l | **Vanillejoghurt** |
| 2 TL | **Zimt** |

Schälen Sie die Äpfel, vierteln Sie sie und entfernen Sie das Kerngehäuse. Wenn die Äpfel eine nicht zu harte Schale haben, können Sie die Äpfel durchaus mit der Schale dünsten und diese dann mitpürieren.
Schneiden Sie die Äpfel in dünne Spalten und dünsten Sie sie mit wenig Wasser (ca. 1 cm hoch) weich.
Danach pürieren Sie das Apfelkompott mit dem Mixstab sehr fein. Wenn es schnell gehen soll, können Sie auch fertiges, nicht allzu süßes Apfelmus verwenden.

Nun schichten Sie die Vollkornbiskotten (das Löffelbiskuit) abwechselnd mit dem Apfelmus und je Schicht etwas Zimt in eine eckige Form.
Die letzte Schicht sollte aus Vollkornbiskotten bestehen. Ganz zum Schluss geben Sie das Vanillejoghurt auf die Biskotten und etwas Zimt darüber.
Decken Sie alles gut mit Folie oder einem Deckel ab und stellen Sie es über Nacht in den Kühlschrank.

## Variation

Wenn Sie mehrere kleinere Gefäße nehmen, lassen sich auch individuelle Variationen für einzelne Familienmitglieder kreieren.
Mag ein Kind z. B. statt des Apfelmuses nur Erdbeerjoghurt (mit frischen Erdbeeren), braucht ein anderes vielleicht eine kalorienreichere Variation mit Bananenscheiben und 1/4 l geschlagenem Schlagobers (Schlagsahne).
Für Linienbewusstere können nur 1/8 l Schlagobers mit 1/4 l Naturjoghurt vermengt verwenden.

Auch eine „Nur-für-Erwachsene"-Variante, die im Schlagobers einen Schuss Rum oder im Apfelmus über Nacht in Rum eingeweichte Rosinen enthält, ließe sich dann ebenso verwirklichen.

*In kleinen Portionen in verschließbaren Gefäßen zubereitet, eignet sich das Apfel-Tiramisu gut zum Mitnehmen.*

## NOTIZEN

# Fruchtkaltschale

*Menge für 2 Kinder und 2 Erwachsene*
*vorbereitbar*
*für Kinderköche geeignet*

| | |
|---|---|
| **800 g** | **Beeren** nach Wahl, TK |
| **3/16 l** | **Wasser** |
| **4 EL** | **Zucker** |
| | |
| **3 EL** | **Speisestärke** |
| **4 EL** | **Wasser** |
| | |
| **4** | **Dessertschalen** |

Bringen Sie die Beeren (frisch oder TK) mit 3/16 l Wasser und Zucker zum Kochen und lassen Sie das Ganze weitere 3 Minuten kochen. Rühren Sie währenddessen die Speisestärke (z. B. Mais- oder Kartoffelstärke) mit den 4 EL Wasser glatt. Es sollten keine Klumpen mehr vorhanden sein. Gießen Sie die Stärke anschließend unter Rühren in die kochende Fruchtcreme. Füllen Sie die fruchtige Masse in 4 Dessertschalen oder in etwas tiefere Teller.

Die Fruchtkaltschale lässt sich gut mit Vanillesauce, Joghurt, Sauermilch oder Schlagobers (Schlagsahne, flüssig oder geschlagen) kombinieren.

## Variation

Sie können in die Dessertschale über die erkaltete Fruchtmasse noch eine Schichte Vanillesauce bzw. (Frucht)joghurt legen. Oder Sie bringen auf dem Teller in der auskühlenden Creme helle Verzierungen mit Schlagobers an.

## NOTIZEN

# Geeistes Beerenjoghurt

*Menge für 2 Kinder und 2 Erwachsene*
*für Kinderköche geeignet*
*für Feste*

| | |
|---|---|
| **250 g** | **Beeren** nach Wahl, TK |
| **1/4 l** | **Joghurt,** natur, 1 % |
| **1/8 l** | **Schlagobers (Schlagsahne)** |
| **3 EL** | **Zucker** |
| **4** | **Eiswaffeln** |

Lassen Sie die Beeren kurz antauen. Die Beeren sollten innen aber noch gefroren sein. Zerkleinern Sie sie in einem Mixaufsatz oder mit einem Pürierstab grob, fügen Sie die restlichen Zutaten hinzu und mixen Sie alles gut durch. Dekorieren Sie die Schüsseln jeweils mit einer Eiswaffel oder Schnitte.

*Beeren sind wahre Bomben an Mineralstoffen, Vitamin C und sekundären Pflanzeninhaltsstoffen. Letztere töten u. a. Krankheitskeime ab und wirken entzündungshemmend.*
*Zu Ihnen zählen die Anthozyane, die für die rote oder blaue Farbe der Beerenfrüchte verantwortlich sind. Sie schützen Gelenke, Augen, Haut, Herz und Nieren, indem sie „freie Radikale“ abfangen. Diese aggressiven Substanzen entstehen durch UV-Strahlung und schädliche Umwelteinflüsse.*

***Achtung!***
*Die allseits beliebte Erdbeere enthält den Inhaltsstoff Histamin. Dieser kann bei empfindlichen Personen – egal welchen Alters – Unverträglichkeitsreaktionen hervorrufen.*
*Zwar sind diese keine Allergien im klassischen Sinn, aber sie zählen zu den Intoleranzen.*
*Histamin kann sowohl über die Nahrung zugeführt, als auch im Körper bei allergischen Reaktionen freigesetzt werden. Der Genuss einer Erdbeere kann Freude machen, jedoch der Verzehr einer größeren Portion Hautausschläge verursachen.*

## NOTIZEN

# Schokoladenfrüchte

*Menge für 2 Kinder und 2 Erwachsene*
*für Kinderköche geeignet*
*für Überraschungsgäste*

| | |
|---|---|
| 4 | **Kiwis** |
| 2 | **Bananen,** klein |
| 2 | **Orangen** |
| 2 | **Äpfel,** mittelgroß |
| 100 g | **Weintrauben,** groß |
| | |
| 100 g | **Vollmilchschokolade** |
| 1/8 l | **Kaffeeobers (Kaffeesahne)** |

Schälen Sie die Kiwis, Bananen und Orangen. Schneiden Sie die Bananen und Kiwis in dickere Scheiben, die Orangen in Spalten.
Waschen Sie die Äpfel, entfernen Sie das Kerngehäuse und schneiden Sie die Äpfel in Spalten. Waschen Sie die Weintrauben und verteilen Sie alle Obstsorten auf einem Teller.

Gießen Sie das Kaffeeobers (die Kaffeesahne) in einen Topf und erwärmen Sie es (sie) leicht. Brechen Sie die Schokolade in Stücke und lassen Sie sie unter vorsichtigem Rühren im Kaffeeobers schmelzen.
Lassen Sie die Schokoladencreme unter ständigem Rühren vorsichtig einige Male aufkochen, füllen Sie sie danach in eine Schüssel und reichen Sie diese als Dip zum Obst.

## Variation

Falls Ihnen Schokolade zu fett ist, tauchen Sie die Früchte stattdessen in eine Joghurt- oder Topfenspeise (Quarkspeise), siehe „Pfiffige Rezepte für kleine und große Leute" Seite 174.

Natürlich können Sie jedes Obst der Saison dafür verwenden, z. B. Melonen, Erdbeeren, Zwetschken (Pflaumen), Marillen (Aprikosen), Ananas oder auch Maroni (Esskastanien).

## NOTIZEN

# ALLERLEI GETRÄNKE

## Kinderpunsch

*Menge für 4 Gläser*
*für Feste*

| | |
|---|---|
| 1/2 l | **Wasser** |
| 2 | **Beutel Früchtetee** (oder 2 EL Früchtetee, lose) |
| 1/2 l | **Traubensaft,** rot |
| 125 g | **Früchte der Saison** |
| 1/2 | **Zitrone,** Saft |
| 1 TL | **Zimt,** gemahlen |
| 1/2 TL | **Nelken,** gemahlen |
| | **etwas Honig** |

Kochen Sie das Wasser auf und bereiten Sie damit den Früchtetee zu. Lassen Sie ihn 10 Minuten ziehen.
In der Zwischenzeit wärmen Sie den Traubensaft und rühren Sie den Zitronensaft, den Zimt und die Nelken ein.

Geben Sie dann die Früchte, z. B. im Winter Orangenstücke (Apfelsinenstücke), Kiwis, aufgetaute, tiefgekühlte Beeren oder im Sommer frische Beeren, und den Tee dazu. Süßen Sie nach Geschmack noch mit etwas Honig.

### Variation

Eine Prise gemahlenen Ingwers verleiht dem Punsch einen würzigen, leicht scharfen Geschmack. Für Erwachsene darf es auch etwas mehr davon sein.

## Geeister Bananendrink

*Menge für 4 Gläser*
*für Kinderköche geeignet*
*einfach*

| | |
|---|---|
| 3 | **Bananen,** klein, etwas reifer |
| 1/2 l | **Milch** |
| 3 | **Kugeln Vanilleeis** |
| | |
| 4 | **Strohhalme** |

Schälen Sie die Bananen und mixen Sie alle Zutaten mit dem Mixer oder dem Pürierstab.
Füllen Sie alles in Gläser und dekorieren Sie diese mit Strohhalmen.

*Sie können die Ränder der Gläser von Fruchtgetränken zu speziellem Anlass in etwas Himbeersirup, Orangensirup oder Hollerdicksaft (Hollunderblütensirup) tauchen, ein wenig abtropfen lassen und dann in Kristallzucker drehen. So ergibt sich ein lustiger, farblich passender, süßer Rand.*

# NOTIZEN

## Buttermilch-Drink

*Menge für 4 Gläser*
*für Kinderköche geeignet*
*einfach*

| | |
|---|---|
| 1/2 l | **Buttermilch** |
| 1/2 l | **Mineralwasser** |
| 4 | **Strohhalme** |

Beide Zutaten werden direkt aus dem Kühlschrank verwendet und noch gekühlt mit dem Mixer, dem Schneebesen oder mit einem Löffel miteinander verrührt.
Füllen Sie alles in Gläser und dekorieren Sie diese mit Strohhalmen.

### Variation

Wer eine süßliche Variante mag, kann noch etwas Hollerblütensaft (Holunderblütensirup) einrühren.
Oder durch etwas gehackte Minze zusätzlich Erfrischung erzielen.

*Der Buttermilch-Drink ist ein wunderbarer Durstlöscher und dabei außerdem ein guter Calciumlieferant.*

## Joghurt-Vitamin-Drink

*Menge für 4 Gläser*
*für Kinderköche geeignet*
*einfach*

| | |
|---|---|
| 1/2 l | **Joghurt,** natur, 1 % |
| 1/2 l | **Multivitaminsaft,** gut gekühlt |
| 4 | **Strohhalme** |

Rühren Sie das Joghurt cremig und verrühren Sie beide Zutaten mit dem Mixer oder mit einem Schneebesen.
Füllen Sie alles in Gläser und dekorieren Sie diese mit Strohhalmen.

Damit alles schön kühl bleibt, können Sie Eiswürfel aus Wasser, Multivitaminsaft oder Orangensaft dazugeben.

# NOTIZEN

## Pfefferminz-Apfelsaft

*Menge für 4 Gläser*
*für Kinderköche geeignet*
*für unterwegs*

| | |
|---|---|
| 1/2 l | **Apfelsaft,** naturtrüb |
| 1/2 l | **Pfefferminztee** |
| 4 | **Strohhalme** |

Beide Zutaten werden einfach miteinander verrührt.
Füllen Sie alles in Gläser und dekorieren Sie diese mit Strohhalmen.

### Variation

Probieren Sie auch andere Tee-Fruchtsaftvariationen, z. B. Ananassaft mit exotischem Fruchttee oder Orangensaft mit Winterzaubertee (Zimt, Orangen, Sanddorn).

*Diese erfrischende Variante zu Apfelsaft ist gleichzeitig kalorienärmer als purer Apfelsaft.*

## Sprudelnder Früchte-Drink

*Menge für 3 l*
*vorbereitbar*
*für Feste*

| | |
|---|---|
| 250 g | **Erdbeeren** |
| 1 | **Flasche Mineralwasser** |
| 2 | **Flaschen „Kinderfruchtsekt"** |
| | **Zahnstocher** |

Waschen und putzen Sie die Erdbeeren. Schneiden Sie sie dann in kleine Stücke und geben Sie die Erdbeeren in eine Schüssel. Füllen Sie mit Mineralwasser und „Kinderfruchtsekt" auf.
Stellen Sie Zahnstocher zum Herausfischen der Früchte bereit.

### Variation

Da der Früchte-Drink mit Mineralwasser nicht so süß ist, können Sie für „Süßspechte" eventuell etwas Zucker oder statt des Mineralwassers noch eine Flasche „Kinderfruchtsekt" hinzufügen.

***Sprudelnder Früchte-Drink:***
*Bereiten Sie als Attraktion für Feste einen „Kuller-Pfirsich" zu! Waschen Sie einen Pfirsich gründlich, stechen Sie mit Zahnstochern mehrere Löcher in das Fruchtfleisch und legen Sie ihn in ein bauchiges Glas. Gießen Sie den sprudelnden Früchte-Drink darüber. Der Pfirsich bewegt sich dann wie von Zauberhand im Glas und kann später getrennt verzehrt werden.*

## NOTIZEN

# REZEPTREGISTER

## MERKMALE



## ABKÜRZUNGEN

| | |
|---|---|
| EL | Esslöffel |
| TL | Teelöffel |
| g | Gramm |
| IBCLC | International Board of Lactation Consultant (Stillberaterin) |
| kg | Kilogramm |
| l, ml | Liter, Milliliter |
| TK | Tiefkühlware |
| PR | „Pfiffige Rezepte für kleine und große Leute“, Seite 174 |

# ADRESSVERZEICHNIS



## Biologische Lebensmittel – Information (z. B. Saisonkalender) und Anbieter

**Deutschland**
Bioland e.V.
Kaiserstraße 18, D-55116 Mainz
Tel.: (+49 6131) 239 79-0
Fax: (+49 6131) 239 79-27
E-Mail: info@bioland.de
Internet: www.bioland.de

Weitere Informationen finden Sie unter:
www.naturkost.de und
www.was-wir-essen.de

**Österreich**
Bundesministerium für Land- und Forstwirtschaft, Umwelt und Wasserwirtschaft (BMLFUW)
Stubenring 1, A-1012 Wien
Tel.: (+43 1) 711 00-0
Fax: (+43 1) 711 00-2140
Internet: http://bioshopping.lebensministerium.at

Verband österreichischer Umweltberatungsstellen
Mariahilfer Straße 196/4/11
A-1150 Wien
Tel.: (+43 1) 877 60 99
Fax: (+43 1) 877 60 99-13
oesterreich@umweltberatung.at
Internet: www.umweltberatung.at

Weitere Informationen finden Sie unter:
www.bioinfo.at

**Schweiz**
Bio Suisse
Margarethenstrasse 87, CH-4053 Basel
Tel.: (+41 61) 385 96 10
Fax: (+41 61) 385 96 11
E-Mail: bio@bio-suisse.ch
Internet: www.bio-suisse.ch

Verein bionetz.ch
Bärenplatz 2, CH-3011 Bern
E-Mail: info@bionetz.ch
Internet: www.bionetz.ch

**Südtirol**
Bioland Verband Südtirol
Steindlweg 48, I-39018 Terlan
Tel.: (+39 471) 25 69 77
FAX: (+39 471) 25 60 62
E-Mail: bioland@bioland-suedtirol.it
Internet: www.bioland-suedtirol.it

# STICHWORTVERZEICHNIS

Drift
Saftig
kleckern
Ein Apfel für die Pause
frisch saftig
steirisch
www.frisch-saftig-steirisch.at

# DIE KLASSIKER FÜR MUTTER UND BABY

Der Ernährungsratgeber spannt den Bogen von der Ernährung der Frau im Allgemeinen, über Maßnahmen bei Kinderwunsch, bis hin zur **Ernährung in Schwangerschaft und Stillzeit.**
Sie finden Information zur Nahrungsaufnahme im monatlichen Zyklusverlauf, zu **Pluspunkten und Tabus** in Schwangerschaft und Stillzeit, zur Ernährung vor, während und nach der Geburt und zu **Babyblues, Milchbildung, Blähungen & Co.**

136 Seiten, 4 Abb. in Farbe
1. Auflage 2006
€ 16,50 (D, A) / CHF 30,–
(zzgl. Versandkosten)

Der Klassiker zur **Ernährung im 1. Lebensjahr** bietet Ihnen wertvolle Hinweise zu **Stillen, Flaschennahrungen, Beikostbeginn** und zum Thema **Allergieprävention.**
Darüber hinaus enthält er noch einen stufenweisen **Gläschenplan extra mit auf dem Markt befindlichen Gläschen** für Österreich, Deutschland und die Schweiz.

192 + 32 Seiten, 25 Abb. in Farbe
6. Auflage 2010
€ 23,90 (D, A) / CHF 41,90
(zzgl. Versandkosten)

Näheres unter: www.kinderkost.com

# BEIKOST UND UMSTIEG ZUR FAMILIENKOST

Unser Praxisbuch zum **Kochen der Beikost** gibt einfache Anleitung zur Zubereitung erster Babybreie und der Babymenüs **für den Familientisch. Der Beikostfahrplan mit Rezepten** unterstützt Sie beim stufenweisen Aufbau des Speiseplans vom **7. – 13. Monat** Mahlzeit für Mahlzeit.
In unserem Baby-Rezeptbuch erhalten Sie viele **wertvolle Tipps** zum Selberkochen und Hilfestellung bei der Zusammenstellung der ersten Breie.

176 Seiten, 85 Abb. in Farbe
6. Auflage 2010
€ 19,90 (D, A) / 34,60 CHF
(zzgl. Versandkosten)

Unser Ernährungsleitfaden für Kinder von **1 – 6 Jahren** spannt den Bogen von Fastfood bis Smoothies. Er bietet **praxisnahe Portionsberechnung „in Kinderhandvoll"** für alle Lebensmittelgruppen.
In unserem Ratgeber über die **Ernährung von Klein- und Vorschulkindern** erhalten Sie Antworten auf zahlreiche, häufig gestellte Elternfragen.

160 Seiten, 18 Abb. in Farbe
5. Auflage 2010
€ 19,90 (D, A) / 34,60 CHF
(zzgl. Versandkosten)

Näheres unter: **www.kinderkost.com**

# UNSER FAMILIENKOCHBUCH MIT PFIFF

**NEUES DESIGN!**

Das Praxisbuch für junge Familien mit einfach zubereitbaren, pfiffigen Rezepten und wichtigen **Tipps für Einkauf, Lagerung und Verarbeitung** von Lebensmitteln.
Mit unserer Hilfe gelingt Ihnen die **rasche Zubereitung** von einfachen, kindgerechten und schmackhaften Gerichten.

- 76 Rezepte für junge Familien
- von „Apfeltorte" bis „Zucchinipuffer" („Zucchinibratlingen")
- einfache Zubereitungshinweise für Kochneulinge
- nützliche Saisonkalender für Obst und Gemüse
- traditionelle und pfiffige Speisen ernährungswissenschaftlich optimiert

Zahlreiche Variationen zu den einzelnen Rezepten ermöglichen es Ihnen, aus einer großen Vielfalt an Ideen zu schöpfen.

192 Seiten, 80 Abb. in Farbe
4. Auflage 2011
€ 19,90 (D, A) / CHF 34,60
(zzgl. Versandkosten)

Näheres unter: **www.kinderkost.com**

Mag. Ingeborg Hanreich, IBCLC
Ernährungswissenschafterin und Stillberaterin

Mag. Ingeborg Hanreich hat 1991 das Studium der Ernährungswissenschaften an der Universität Wien abgeschlossen. Sie ist seit 2003 Stillberaterin IBCLC.
Als freiberuflich tätige Expertin widmet sie sich vor allem dem Bereich „Ernährung von Mutter und Kind".
Sie hält Seminare und Vorträge für Eltern, ElternberaterInnen, Hebammen, Säuglingsschwestern und ApothekerInnen.

Frau Mag. Hanreich war Gründungspräsidentin des Verbandes der Ernährungswissenschafter Österreichs und gründete im Jahr 1994 ihren Verlag.
Seit Herbst 2008 ist sie Lektorin an drei Fachhochschulen für Hebammen.
Mit Beginn des Jahres 2010 betreut sie eine kostenpflichtige Ernährungshotline für Mutter und Kind.

Dipl. oec.troph., Dipl. Päd. Britta Macho
Ernährungswissenschafterin und Diplompädagogin

Dipl. oec.troph. Britta Macho hat 1983 das Studium der Ernährung und Hauswirtschaft an der Fachhochschule Niederrhein und 1987 an der Berufspädagogischen Akademie des Bundes in Wien das Lehramt für den ernährungswirtschaftlichen und haushaltsökonomischen Fachunterricht abgeschlossen.
Seit Langem arbeitet sie als Ernährungswissenschafterin freiberuflich, seit 2006 im eigenen Unternehmen *ernährung e3 Macho & Reiselhuber OG* (www.e-drei.at).

Als Mutter von zwei Kindern erprobt sie laufend Rezepte und zahlreiche Tipps und Tricks sowie die praktische Umsetzbarkeit von Empfehlungen der Bücher des Verlages I. Hanreich.
Aus ihrer Feder stammen zahlreiche Rezepte der Hanreich-Bücher.

## Liebe Leserinnen und Leser!

Wir freuen uns sehr, wenn wir Ihnen mit unserem Rezeptbuch für die Pausenverpflegung einige Ideen liefern konnten. **Verständnisfragen** zu den Rezepten oder zum Inhalt dieses Buches können Sie gerne direkt an den Verlag richten:

**Verlag • Beratung • Information**
Mag. Ingeborg Hanreich, IBCLC
Esterhazygasse 7/2, A-1060 Wien
Tel.: (+43 1) 504 28 29-1
Fax: (+43 1) 504 28 29-4
E-mail: office@kinderkost.com
Internet: www.kinderkost.com

**Anregungen und Kritik** von Ihrer Seite sind uns ebenfalls gerne willkommen, denn dieses Buch ist schon dank mancher Rückmeldung verbessert und erweitert worden.
**Deshalb zögern Sie nicht – rufen Sie an, mailen oder schreiben Sie uns!**

**Bei Fragen, die die individuelle Situation Ihres Kindes betreffen,** nimmt sich Frau Mag. Hanreich gerne telefonisch, per E-Mail oder im persönlichen Gespräch für Sie Zeit.
Sie berät zum Thema Ernährung im Schul- und Kleinkindalter, aber auch zur Ernährung in Schwangerschaft und Stillzeit, zum Stillen, zur Flaschenkost und zur Beikost. Auch zum Thema Allergieprävention und zu speziellem Essverhalten werden häufig Fragen von Eltern und Elternberatenden gestellt.

**Frau Mag. Hanreich** beantwortet diese an der „Ernährungshotline für Mutter und Kind“ unter der Rufnummer **(0900) 34 01 01** um € 0,88/Min. (aus dem österr. Festnetz).

Aus dem In- und Ausland sind wir per E-Mail unter dieser Adresse erreichbar: **beratung@kinderkost.com**

Wenn Sie im Raum Wien zu Hause sind und **einen persönlichen Beratungstermin** vereinbaren wollen, können Sie dies mit ihr gerne unter der Telefonnummer (01) 504 28 29-1 tun.

**Seminare, Workshops, Vorträge und Mütterrunden** vereinbaren Sie ebenfalls unter (+43 1) 504 28 29-1 mit Frau Mag. Ingeborg Hanreich.

Näheres hierzu und zu den Produkten unseres Verlages finden Sie auf unserer Homepage www.kinderkost.com.